Wem gehört Berlin? Allen, die es zur Großstadt, zur Industriestadt, zur Stadt der Künste und Wissenschaften, zum Laboratorium der Moderne und zum ›Babylon‹ des jungen 20. Jahrhunderts gemacht haben. ›Unsere‹ dreizehn Berlinerinnen waren ganz vorne mit dabei: Hedwig Dohm, Franziska Tiburtius, Else Lasker-Schüler, Alice Salomon, Claire Waldoff, Jeanne Mammen, Gabriele Tergit, Anita Berber, Helene Weigel, Marlene Dietrich, Hildegard Knef, Regine Hildebrandt und Nina Hagen. Manche von ihnen sind in Berlin geboren, andere erst später an die Spree gezogen, aber sie alle können mit Fug und Recht von sich sagen: »Ich bin eine Berlinerin!«

Barbara Sichtermann wurde für ihre undogmatischen Schriften zu Frauenemanzipation, Geschlechterfragen und Sexualität sowie für ihre biografischen Frauen-Porträts mehrfach ausgezeichnet, u. a. mit dem Jean-Améry-Preis für Essayistik, der Hedwig-Dohm-Urkunde, dem Theodor-Wolff-Preis und dem Luise Büchner-Preis. Sie lebt in Berlin.
Ingo Rose studierte Wirtschaftswissenschaften und arbeitet als Sachbuchautor und Trainer. Seine Themen sind Wirtschaft, Kommunikation und das Geschlechterverhältnis. Gemeinsam mit Barbara Sichtermann hat er zahlreiche erfolgreiche Sachbücher veröffentlicht. Er lebt in Berlin.

Barbara Sichtermann / Ingo Rose

Berlinerinnen

13 Frauen, die die Stadt bewegten

ebersbach & simon

Inhalt

Werde, die du bist! – 7
Hedwig Dohm

Zeit des Aufstrebens – 17
Franziska Tiburtius

Gerissenes Seidenpapier – 26
Else Lasker-Schüler

Die Welt besser machen – 36
Alice Salomon

Warum soll er nicht mit ihr ... – 47
Claire Waldoff

Die Unbeugsame – 58
Jeanne Mammen

Etwas Seltenes überhaupt – 69
Gabriele Tergit

»Babel der Welt« – 81
Anita Berber

Dialektisch gewandt – 91
Helene Weigel

Gott sei Dank Berlinerin! – 101
Marlene Dietrich

Weil ich begabt bin – 111
Hildegard Knef

Ungeschminkt – 121
Regine Hildebrandt

Catharina die Große – 133
Nina Hagen

Werde, die du bist!
Hedwig Dohm (1831 – 1919)

Sie war eine der ersten Denkerinnen im 19. Jahrhundert, die den unerhörten Gedanken fassten, dass eine Frau nicht einfach von Natur aus eine Frau sei, sondern dass es auf die *Kultur* ankomme: sie sei es, die durch Erziehung und Vorbilder die Lebensperspektiven der Geschlechter modelliere. Und dass viele verschiedene Modelle eines Frauenlebens möglich seien. Gehörte der Ehestand in jedem Fall dazu? Nein, sagte sie. Gehörte die Mutterschaft unbedingt dazu? Nein, sagte sie. Ihre Zeitgenossen und -genossinnen aber sagten auf diese Fragen stets Ja. Mit Hedwig Dohm nahm der gedankliche Entwurf, eine Frau könne ihr Lebensglück aus ihrem Beruf schöpfen, aus ihrem Wissen, ihrem Können, ihrem Wollen, seinen Lauf. Heute ist die anfangs noch vage Idee zur Überzeugung gereift. Und die lange unterschätzte Berlinerin Hedwig Dohm ist wieder eine Persönlichkeit, derer man sich erinnert, ein Name, der öfter genannt wird.

Es war Hedwig Schleh keineswegs an der Wiege gesungen, dass sie die deutsche Frauenbewegung in entscheidender Weise beeinflussen sollte. Als Marianne Adelaide Hedwig kam sie am 20. September 1831 in Berlin zur Welt. Sie hatte zwei ältere Brüder und sollte noch fünfzehn weitere Geschwister bekommen. Die Familie Schlesinger war wohlhabend, der Vater Tabakfabrikant, es gab zu Hause in der Friedrichstraße Haushaltshilfen und Kindermädchen, aber wenig Zuwendung vonseiten der strengen Mutter; der Vater war eh nur selten anwesend. Er war Jude, trat aber zum Protestantismus über und verkürzte seinen Nachnamen zu »Schleh«. Hedwig erfuhr früh, dass Söhne mehr zählten als Töchter; die Brüder gingen zur Schule, sie musste Strümpfe stopfen. Die Mutter schlug zu, wenn sie Hedwig beim Lesen erwischte. »Ich habe keine Freude an meinen persönlichen Kindheitserinnerungen«, schrieb sie. »Ich war ein leidenschaftlich unglückliches Kind, ein verkanntes, ein Kind ohne Mutterliebe, einsam unter siebzehn Geschwistern.« Immerhin kann sie, zwanzigjährig, ein Lehrerinnenseminar besuchen, sie besteht auch die Abschlussprüfung. Mit ihrer Mutter unternimmt sie eine Reise nach Spanien, wo einer ihrer älteren Brüder lebt. Zur Vorbereitung lernt sie die Landessprache, ihr Lehrer ist ein junger Journalist namens Ernst Dohm. Im Hauptberuf arbeitet Dohm als Redakteur bei der Satire-Zeitschrift *Kladderadatsch*. Er gilt als Filou und ist ein Schuldenmacher, dabei aber witzig und mutig. Der freisinnige Ernst Dohm und die schöne Hedwig Schleh werden ein Paar. 1853 heiraten sie.

Obwohl die Schriftstellerin Hedwig Dohm einen sehr persönlichen Stil entwickelt hat, äußert

»Die Menschenrechte haben kein Geschlecht.«
Hedwig Dohm in jungen Jahren

sie sich in ihrem Werk so gut wie nie über ihre eigene Lebensgeschichte. Wie sich ihre Ehe gestaltet hat, ist weitgehend unbekannt. Es gab allerlei Turbulenzen, denn die Gerichtsvollzieher gingen bei den Dohms ein und aus, auch über Affären des Mannes wurde getuschelt. Schließt man ferner von den Romanfiguren aus Hedwig Dohms Trilogie *Schicksale einer Seele* auf die Autorin und ihr Leben, so muss man resümieren, dass ihre Ehe unglücklich war. Aber die Irrtumswahrscheinlichkeit ist hoch, begnügen wir uns damit, dass wir nicht wirklich wissen, wie es ihr als Ehefrau erging. Was wir sicher sagen können ist, dass Hedwig mit ihrer Heirat Anschluss an die intellektuellen Zirkel fand, in denen ihr Mann verkehrte, und so endlich ihrer stärksten Neigung frönen konnte: ihrer Wissbegier. In rascher Folge schenkte sie vier Kindern das Leben, einem Sohn und drei Töchtern. Aber trotz oder wegen der Ansprüche, die ihre Kinder an sie stellten, bildete sie sich weiter, lernte und las. Sie war eine sehr zärtliche Mama, aber sie spürte auch, dass Mutter-Sein allein ihrer Vorstellung von Lebenssinn nicht genügte.

Das Ehepaar Dohm führt in seinem Berliner Heim einen Salon, prominente Gäste kommen zum *Jour fixe* am Montag, unter ihnen Theodor Fontane und Ferdinand Lassalle, ferner Ernsts Kollegen aus der Redaktion des Satire-Blatts. Die Treffen bei den Dohms werden bald »eine Sache der Berliner Gesellschaft, man drängte sich zu

›Dohms Montagen‹, alle Kreise und Altersstufen waren vertreten, und als es eines Abends wegen allzu großer Überfülle scherzhaft hieß, es sei einer aus dem Fenster gefallen, rief Wilhelm Scholz vom ›Kladderadatsch‹ freudig erregt: ›Gottseidank, dann ist ein Stuhl frei geworden‹«, so später Tochter Hedwig Pringsheim-Dohm, die älteste Tochter und dereinst die Schwiegermutter Thomas Manns.

Hedwig Dohm ist eine zurückhaltende Frau, sie ist schüchtern und schweigt anfangs in Gegenwart der belesenen Herren, aber sie hört gut zu und entwickelt nach und nach eigene Standpunkte. Es ist die Zeit nach der niedergeschlagenen Revolution von 1848, die insbesondere die Stadt Berlin in tiefe Unruhe versetzt hat; die Ära des Biedermeiers, in der Hedwig aufwuchs, ist ein für alle Mal zu Ende. Erregt genießt Frau Dohm ihre intellektuelle Reife, sie denkt nach, diskutiert und schreibt. Die Frauenfrage liegt den meisten Besuchern ihres Salons nicht besonders am Herzen, man kümmert sich eher um die deutsche Nation, die Einheit, die Demokratie. Darüber denkt auch Hedwig nach, aber sie tut es als Frau. Wenn sie das Wahlrecht für Frauen fordert, schütteln die Herren um sie herum die Köpfe und wechseln das Thema. Aber Hedwig lässt nicht locker. Schließlich setzt sie sich hin und macht sich Notizen für Essays und Streitschriften. Sie weiß, dass sie der Welt etwas mitzuteilen hat.

Ihre erste größere Veröffentlichung hat allerdings mit der Frauenfrage noch nichts zu tun. Der

Titel lautet: *Die spanische Nationalliteratur in ihrer geschichtlichen Entwicklung*, eine Monografie, die ursprünglich Ernst Dohm anfertigen sollte, der es aber zeitlich nicht schaffte und seine Frau als Ersatz-Autorin vorschlug. Sie bewältigte die 600-Seiten-Arbeit bravourös und wusste jetzt: sie konnte schreibend herleiten, darstellen, überzeugen. Und sie war stolz darauf. Zeittypisch war die Verleugnung der weiblichen Autorschaft. Auf dem Buchdeckel stand als Verfasser: H. Dohm. Natürlich vermutete alle Welt einen Mann als Urheber.

In den 1850er- und 1860er-Jahren war in Preußen die Zensur aktiv, der *Kladderadatsch* hatte es nicht gerade leicht, und auch die Frauenverbände, für die Hedwig sich interessierte, wurden staatlicherseits verboten, ihre Exponentinnen von der Polizei überwacht. Persönlichkeiten wie die Frauenrechtlerinnen Louise Aston oder Louise Otto-Peters mussten aufpassen, was sie sagten – sie liefen Gefahr, ausgewiesen zu werden, ihren Schriften drohte der Index. Ihre Zusammenkünfte deklarierten sie als Nähzirkel; auch Männer durften sich unter der Fahne von Demokratie und Verfassungsstaat nicht mehr treffen, sie tarnten sich als Gesangvereine. Hedwig Dohm muss warten, bis sie sich dann doch traut, offen für die Sache der Frauen einzutreten. Vorerst reist sie, 1869, für ein Jahr nach Rom zu ihrer Schwester Anna Schleh, einer Malerin. Es war eine Art Flucht, Hintergrund die drohende Schuldhaft ihres Mannes. Im Jahr darauf kommt die Familie in Berlin wieder zusammen, und

Hedwig Dohm setzt sich an ihr Schreibpult – um fürs Erste nicht wieder aufzustehen.

Vier richtungsweisende Großessays veröffentlicht sie in den Jahren 1872 bis 1879, sie heißen: *Was die Pastoren von den Frauen denken*, *Der Jesuitismus (= Heuchelei) im Hausstande*, *Die wissenschaftliche Emanzipation der Frau* und *Der Frauen Natur und Recht*. Mit spitzer Feder, scharfer Analyse, ätzendem Spott und pragmatischen Vorschlägen zum Umdenken macht sie ihren Zeitgenossen und ebenso den Frauen ihrer Generation klar, dass der Mythos von der weiblichen Natur, der Frauen angeblich dazu bestimme, still, demütig und unterwürfig zu sein und ihr Leben im Dienste von Mann und Kindern im Hause zu verbringen, nicht standhält, wenn man auf die Menschen schaut, so wie sie sich im wirklichen Leben verhalten, dass Frauen sehr oft noch ganz was anderes wollen und Männer sich viel öfter in Frauen verlieben, die Selbstständigkeit mit Koketterie verbinden, die unbescheiden und herausfordernd sind. Das ganze Getue um die perfekte Weiblichkeit zerpflückt sie in der Luft – mit Humor und Eleganz. »Wären in einem einzigen Weibe alle weiblichen Eigenschaften der Welt vereinigt, Sanftmut, rührendste Bescheidenheit, orientalische Passivität, anhaltende Aufopferungslust, unvertilgbare Freude am Gehorsam, und hätte sie dazu zwei schielende Augen, so wäre sie doch in den Augen der Männer aller Weiblichkeit bar.« Dohm beließ es nicht bei der Polemik, die ihr allerdings großen

Spaß machte, sie wurde auch ernst und rief die Gesellschaft dazu auf, endlich Schluss zu machen mit der von heuchlerischer Verehrung bemäntelten Abwertung des Weiblichen, stattdessen Mädchen als Menschen mit vielfältigen Anlagen zu sehen und ihnen eine Ausbildung zuteil werden zu lassen, die denen der Knaben ebenbürtig wäre, ihnen ferner einen Selbststand in der Welt, Berufstätigkeit und eigenes Geld zu gönnen. Ferner den Zugang zu den Universitäten und das Wahlrecht. Dabei greift sie, wie sie betont, gar nicht mal in erster Linie die Männer an, die ihre Privilegien naturgemäß verteidigen, sondern ihre Geschlechtsgenossinnen, alle Frauen, die es dulden, »dass eine Generation nach der anderen sie achtlos zur Seite schiebt. – Rafft Euch empor! Organisiert Euch! Zeigt, dass Ihr einer begeisterten Hingebung fähig seid und durch Eure Tat und Euer Wort erweckt die Gewissen der Menschen, erschüttert ihre Herzen und überzeugt ihre Geister. Verlasst Euch nicht auf die Hilfe der deutschen Männer! Wir haben wenig Freunde und Gesinnungsgenossen unter ihnen. Viele loben und lieben die Frauen, sie schmeicheln ihnen und sind gerne bereit, ihnen gegenüber die Vorsehung zu spielen, wenn ihnen keine allzu großen Opfer zugemutet werden. Ihnen aber hilfreich zur Seite zu stehen, so es sich um die Erlangung ihres Bürgerrechts im Menschentum handelt, dazu möchten sich nur wenige bereit finden.« Ein anderer Aufruf der Hedwig Dohm an die Frau als solche lautet: »Werde, die du bist!« Und sie meint damit, dass all die Anlagen und Eigenschaften, die unter der patriarchalen Knute in der Frau verkümmern, nachhaltig ermutigt, entwickelt und gestärkt werden sollen – von jeder Frau – für sich und ihre Schwestern und Töchter. »Die Menschenrechte haben kein Geschlecht.«

Die Reaktion auf diese damals ausgesprochen radikalen Stellungnahmen, die nichts anderes bedeuteten als die vollkommene Gleichberechtigung der Frauen, waren gemischt: verhalten positiv seitens der progressiven Intellektuellen wie beispielsweise Maximilian Harden und der links gerichteten Presse, die sich ihrerseits allesamt vor der Zensur in Acht nehmen mussten, äußerst ablehnend natürlich auf Seiten des konservativ-klerikalen Lagers und kritisch-kopfschüttelnd in den tonangebenden Kreisen jener Frauenrechtlerinnen, die sich darauf beschränkten, bessere Bildung für Mädchen zu fordern, ansonsten aber dabei blieben, dass der Mittelpunkt eines Frauenlebens die Familie zu sein habe. Hedwig ließ sich indes nicht irre machen. Ihre vier Töchter haben alle eine Ausbildung absolviert.

Um sich vom Streit um die Frauenfrage zwischenzeitlich zu erholen, schrieb sie Lustspiele, die mit Erfolg an Berliner Theatern aufgeführt wurden, außerdem Gedichte und Romane. Auf die Trilogie *Schicksale einer Seele* folgten die Erzählungen *Sibilla Dalmar* und *Christa Ruland*.

Seit 1883 ist Hedwig Dohm Witwe. Jetzt ist es für sie auch finanziell wichtig geworden, Einkünfte durchs Schreiben zu erzielen. Zu ihren Töchtern und Enkelkindern – der einzige Sohn ist in jungen Jahren an Scharlach gestorben – hält die Schriftstellerin lebenslang guten Kontakt. In den 1880er-Jahren tritt sie dann aber doch aus dem Schatten ihrer Schreibstube und engagiert sich in Frauenvereinen. In Minna Cauers Verein *Frauenwohl* ist sie Beisitzerin, bei Helene Stöckers *Bund für Mutterschutz* gehört sie zu den Gründerinnen. Im beginnenden 20. Jahrhundert sieht sie mit Genugtuung eine neue Frauengeneration heranwachsen – für sie stehen die Namen Alice Salomon, Gertrud Bäumer, Lily Braun –, die an die Universitäten drängt und das Wahlrecht erstreitet. Der Erste Weltkrieg erschüttert die überzeugte Pazifistin. »Wäre ich der liebe Gott, ich beauftragte Petrus, meinen Pförtner, allen Kriegsstiftern, Kriegshetzern, Kriegsbrünstigen und Kriegsliebenden die Himmelspforte zu sperren, mit dem Donnerwort: Unbefugten ist der Zutritt nicht gestattet.« Am 1. Juni 1919 stirbt Dohm achtundachtzigjährig in ihrer Heimatstadt Berlin, beigesetzt ist sie auf dem St. Matthäus-Kirchhof in Schöneberg. Die produktive Schriftstellerin und moderne Feministin wird rasch vergessen, wie es Menschen, die ihrer Zeit voraus sind, öfter geschieht. Erst die Neue Frauenbewegung ab den 1970er-Jahren hat Dohm wieder entdeckt. Der Preis, den der Deutsche Journalistinnenbund jährlich an Frauen vergibt, die der Emanzipation mit ihren schriftstellerischen Werken zuarbeiten, heißt »Hedwig Dohm-Urkunde«.

Zeit des Aufstrebens
Franziska Tiburtius (1843 – 1927)

Im Juni 1877 wurde in der Alten Schönhauser Straße 23/24 zu Berlin eine medizinische Praxis eröffnet, vor der zeitweilig Patientinnen Schlange standen. Denn diese Einrichtung war eine absolute Novität: die behandelnden Ärzte waren weiblich. Das gab es sonst weit und breit nirgends. Frauen hatten noch keinen Zugang zu den Universitäten erlangt, eine große Ausnahme in Europa bildete die relativ junge Alma Mater in Zürich. Aber auch wer dort als Frau ein medizinisches Studium erfolgreich abgeschlossen hatte, konnte sich nicht einfach als Ärztin niederlassen. Es gab rechtliche Hürden, die Welt war auf eine Frau mit Stethoskop noch nicht eingestellt. Dr. Franziska Tiburtius, die mit ihrer Kollegin und Freundin Emilie Lehmus die Gemeinschaftspraxis in der Alten Schönhauser aufgemacht hatte, konnte sich nicht einmal mit dem üblichen Schild an der Tür der Öffentlichkeit vorstellen, sie durfte sich auch nicht Ärztin nennen, das untersagte die preußische Approbationsordnung. Sie und Dr. Lehmus firmierten unter »Dr. med. in Zürich« – womit sie darauf hinwiesen, dass sie ihren Doktorgrad in der Schweiz erworben hatten und es den Patientinnen überlassen mussten, ob sie ihn anerkennen wollten oder nicht. Was den Status betrifft, so galten sie als eine Art Heilpraktikerinnen.

Den Hilfe suchenden Frauen war das alles egal. Ein Bedürfnis kranker, schwangerer oder schlicht um ihre Gesundheit besorgter Frauen nach weiblichem ärztlichen Beistand gab es schon lange – endlich konnte es hier in der neuen Praxis befriedigt werden. Und so arbeitete Tiburtius mit ihrer Partnerin Lehmus Tag und Nacht, denn die Frauen kamen in hellen Scharen, zumal die mittellosen unter ihnen umsonst behandelt wurden. Im Jahre 1908 – demselben Jahr, in dem auch in Preußen endlich das Frauenstudium zugelassen wurde – expandierte die Pionierin; sie eröffnete mit der Kollegin Agnes Hacker eine »Chirurgische Klinik weiblicher Ärzte«. Zwar waren die letzten alten Zöpfe immer noch nicht abgeschnitten, die Medizinerinnen durften sich noch nicht Ärztinnen nennen, sie taten es aber, und an den Hochschulen wurde endlich weiblicher Nachwuchs herangebildet. Eine bedrückende Ära der Diskriminierung und Schmähung von Frauen, die sich zur Medizinerin berufen fühlten, kam an ihr Ende. Franziska Tiburtius war eine Heldin in jener Zeit, sie hatte sich – mit nur einigen wenigen Mitstreiterinnen – gegen die vorurteilsbehaftete Zurückweisung von Frauen aus der Welt der professionellen Heilkunst mit viel Mut und praktischer Entschlossenheit zur Wehr gesetzt.

Am 24. Januar 1843 kommt Franziska auf Rügen zur Welt – sie ist das jüngste von neun Kindern einer Gutspächterfamilie. Das Nesthäkchen wächst zu einem eigenwilligen reizvollen Mädchen heran, in Stralsund besucht sie die Höhere Töchterschule. Die Ehe als Lebensperspektive, seinerzeit für Frauen fast obligatorisch, reizt sie gar nicht. Also wird sie Lehrerin, um auf eigenen Füßen zu stehen, sie arbeitet als Gouvernante und unterrichtet zwischenzeitlich sogar in England. Ihr Bruder Karl Tiburtius ist Arzt, er hält Franziska für begabt und fähig, Medizinerin zu werden, und er spricht sie immer wieder darauf an. Aber die kleine Schwester winkt ab. Das ginge doch nicht an, eine Frau dürfe nun mal keine Kranken heilen. Dann heiratet Bruder Karl – seine Frau Henriette Hirschfeld hat in Amerika Zahnmedizin studiert, sie wird Deutschlands erste Zahnärztin. Und auch sie ermutigt Franziska, es mit der Medizin zu versuchen. »Da endlich entschloss ich mich, das Steuer meines Lebensschiffes umzulenken«, schreibt Franziska später in ihren Memoiren. Im Jahre 1871 bricht die inzwischen Achtundzwanzigjährige auf nach Zürich, um sich dort für Humanmedizin einzuschreiben.

Wie erging es einer jungen Frau, die zu jener Zeit einen Hörsaal mit lauter Studenten und männlichen Professoren betrat? Wie nahm man sie auf? Es hatte ja immer mal wieder Anfragen gegeben, ob es nicht ratsam sei, auch Mädchen ein Medizinstudium zu ermöglichen, aber die entscheidungsbefugten Herren an den Hochschulen waren zu folgendem Befund gelangt: »Frauen sind für das Medizinstudium wegen ihrer schwachen Konstitution und ihrer intellektuellen Minderbegabung – schließlich haben sie eine geringere Gehirnmasse als Männer – ungeeignet. Außerdem wird ihr Zart- und Schamgefühl im Seziersaal verletzt, und eine Frau im Operationssaal kann nur Heiterkeit erregen.« Der Berliner Pathologe Johannes Orth trug folgende Bedenken: »Man stelle sich nur vor: eine junge Dame im Seziersaal, mit Messer und Pinzette vor der gänzlich entblößten männlichen Leiche sitzen ... und frage sich, ob man junge weibliche Angehörige der eigenen Familie in solchen Verhältnissen sehen möchte! Ich sage nein und abermals nein!« Die Studenten johlen und pfeifen denn auch, als Franziska Tiburtius erstmals im Hörsaal Platz nimmt. Der Professor schüttelt den Kopf über diese wilden neuen Zeiten und fährt scheinbar unerschüttert mit seiner Vorlesung fort. Die junge Studentin versteht nicht viel. Bald wird ihr klar, dass sie Nachhilfe in Latein nehmen muss. Aber wo soll sie einen Lehrer hernehmen? Glücklicherweise ist sie nicht allein. Die Fürther Pfarrerstochter Emilie Lehmus hat dieselben Zukunftspläne wie Franziska, auch sie kämpft an der Züricher Medizinischen Fakultät darum, als Hörerin ernst genommen zu werden – die beiden Kommilitoninnen freunden sich an, und zu zweit geht alles leichter. Gemeinsam büffeln sie lateinische Vokabeln, knüpfen Kontakte zu Mädchen aus anderen Fakultäten – es sind Russinnen und Polinnen dabei –, sie alle helfen und bestärken einander.

Tiburtius: »Es war ein schönes Zusammenarbeiten, eine glückliche Zeit des Aufstrebens.«

Im Jahre 1876 besteht Tiburtius ihre Doktorprüfung mit Auszeichnung. Lehmus ist schon zwei Jahre zuvor promoviert worden, gemeinsam gehen die beiden als Assistentinnen an eine Frauenklinik nach Dresden. Sie halten zusammen nicht nur als Doktorinnen, die ihren Beruf ausüben wollen – auch als Lebensgefährtinnen. Der Geheimrat und Geburtshelfer Franz Wilhelm Carl Ludwig Freiherr zu Winckel ist der einzige Professor, der weibliche Volontärinnen annimmt. Aber Tiburtius und Lehmus erhalten in Sachsen keine Approbation, wie sie für eine Niederlassung erforderlich gewesen wäre. So ziehen sie weiter nach Berlin, da die relativ liberale preußische Gewerbeordnung es ihnen hier erlaubt, eine Praxis als Heilbehandlerinnen zu eröffnen. Henriette Hirschfeld-Tiburtius, sehr stolz auf die Leistung ihrer jungen Schwägerin, hilft bei der Einrichtung. Die männlichen Kollegen allerdings rümpfen die Nase über die sogenannten Doktorinnen, setzen sie als Kurpfuscherinnen herab. »Besonders gemein war Virchow.« Doch die Patientinnen sehen das anders. Sie drängen sich im Wartezimmer – es sind viele Arbeiterinnen dabei, die hier nichts oder nur einen geringen Betrag zahlen müssen und Medikamente umsonst bekommen. Viele sind erstmals in gynäkologischer Behandlung, denn zu einem männlichen Arzt haben sich seinerzeit manche Frauen höchst ungern

Franziska Tiburtius, »Dr. med. in Zürich«, um 1915

begeben. Bei Tiburtius und Lehmus fühlen sie sich in guten Händen. Der Erfolg der Praxis spricht sich herum. Auch bürgerliche Frauen und Damen der Gesellschaft melden sich an, manche schicken erstmal ihre Dienstmädchen vor, die dann berichten müssen, wie es so zugehe bei den »Dr. med. in Zürich«. Ja, erzählen die Spioninnen, es ist eine richtige Praxis, alles ist korrekt und steril, und es riecht nach Kampfer und Desinfektion ...

Die ärztliche Versorgung der Arbeiter und kleinen Angestellten, erst recht ihrer Frauen, war im boomenden Berlin der Kaiserzeit äußerst dürftig. Mittellose Frauen starben am Kindbettfieber, bei Engelmacherinnen, an Geschlechtskrankheiten. Ärzte, die auf sich hielten, behandelten keine ›gefallenen Mädchen‹ und auch keine Proletarierinnen, und die Arbeiterinnen mieden die Doktoren – nicht nur aus Schamgefühl, sondern auch weil sie wussten, dass sie sich die Honorare nicht würden leisten können. Eine allgemeine Krankenversicherung war noch Zukunftsmusik, doch es regte sich in der Gesellschaft ein soziales Gewissen, das hier Abhilfe schaffen wollte. Zu dieser Bewegung gehörte auch Franziska Tiburtius. Von der Politik indessen hielt sie sich lieber fern, auch für die Frauenbewegung ihrer Zeit, für deren Clubs, Zeitschriften und Veranstaltungen hatte sie nur eingeschränktes Interesse. Allerdings setzte sie sich nachdrücklich für die Zulassung von Frauen zum Universitätsstudium ein, und es befriedigte sie sehr, als es um die Jahre 1912 bis 1914 dann so weit kam, dass weibliche Ärzte eine Zulassung erhalten und sich niederlassen konnten. »Ich bin später oft gefragt worden«, schrieb sie, »ob ich bei Beginn der Praxis viele Kämpfe durchgemacht hätte. Das weiß ich nicht. Jedenfalls ist es mir nicht so recht zum Bewusstsein gekommen, dass ich kämpfte. Ich meinte immer nur, das zunächst Notwendige tun zu müssen«.

Die Arbeit in der Praxis war außerordentlich kräftezehrend, und viel Geld verdienten die Frauen bei ihren großzügigen Konditionen auch nicht. Die Familien Lehmus und Tiburtius mussten zuschießen. Emilie stellte nach mehr als zwanzig Jahren ärztlicher Tätigkeit in Berlin fest, dass ihre eigene Gesundheit in Gefahr geriet – und verabschiedete sich in die so viel gastfreundlichere Stadt München. Tiburtius hielt noch acht weitere Jahre durch, sie wollte ihr geliebtes Berlin nicht verlassen. Diese Stadt war ihre Heimat geworden, hier lebte sie ein halbes Jahrhundert lang. Sie passte nach Berlin, sie besaß den Pragmatismus, die Nüchternheit, den Humor und die Widerstandsfähigkeit dieser Großstadt. Sie sah die Kosten, die der rasche Aufstieg Berlins zur Industriemetropole forderte, Kosten in Gestalt ruinierter Gesundheit der medizinisch unterversorgten Arbeiterschaft, und wollte helfen und hat geholfen – im Namen der Menschlichkeit.

Doch dann, mit 65 Jahren, zog sich auch Tiburtius aus der Praxis zurück. Sie ging auf Reisen – nach Amerika, Nordafrika und quer durch Europa.

Ihr Buch *Erinnerungen einer Achtzigjährigen* erschien im Jahre 1923. Vier Jahre später, am 5. Mai 1927, starb die mutige Ärztin, vierundachtzigjährig – in Berlin. »Mein Leben ist köstlich gewesen«, schrieb sie, »denn es ist Müh und Arbeit gewesen.« Franziska Tiburtius hat nicht nur Leben gerettet und Patientinnen getröstet, ihr gebührt das enorme historische Verdienst, Türen aufgestoßen zu haben: die der medizinischen Wissenschaft – für Frauen. Sie tat das vor allem durch ihr Beispiel. Und die Studentinnen strömten durch die geöffneten Pforten. Das Pfeifen und Johlen der Studiosi angesichts weiblicher Kommilitonen in der Anatomie wich nach und nach kollegialer Zusammenarbeit. Zur Zeit des Ersten Weltkrieges gab es in Berlin bereits über hundert niedergelassene Ärztinnen. Und sie wurden gebraucht.

Durch den Berliner Stadtteil Alt-Glienicke führt eine Tiburtiusstraße. Auch Dresden und Stralsund ehren die erste deutsche Ärztin mit einem Straßennamen.

Else Lasker-Schüler, »die stärkste und unwegsamste lyrische Erscheinung des modernen Deutschland«

Gerissenes Seidenpapier
Else Lasker-Schüler (1869 – 1945)

In Berlin gab es um die vorvorige Jahrhundertwende
an den Stadträndern sogenannte Künstlerkolonien
oder Gemeinschaften, in denen engagierte Maler,
Dichter und Philosophen neue Kunst- und
Lebensformen ausprobierten. Deren Einflüsse sind
bis heute spürbar – nur wissen die Gründer von
Kommunen oder selbstverwalteten Kulturzentren
meist nur wenig über ihre geistigen Vorläufer. Im
Berliner Osten nahe dem Müggelsee entstand um
1890 der Friedrichshagener Kreis um Wilhelm
Bölsche und Bruno Wille, auch Erich Mühsam gehörte dazu. Im Westen bildete sich in Schlachtensee
ab etwa 1902 die »Neue Gemeinschaft« um die
Brüder Julius und Heinrich Hart, Peter Hille
und Gustav Landauer. Literarisch gehörten diese
Gruppen zu den Naturalisten, Gerhart Hauptmann
stand ihnen nahe. Sie werden auch als Wegbereiter
des Expressionismus gesehen. Politisch kann man
sie Anarchisten nennen – jedenfalls bekämpften sie
alle Spielformen illegitimer Herrschaft und förder-
ten und feierten die Befähigung des Menschen zur
Freiheit. Diese Avantgardisten wandten sich gegen
den groben Materialismus der Gründerzeit und
suchten auf unbekannten spirituellen Wegen nach

Sinn. Sie waren damals Revolutionäre, belächelt vom Mainstream und abgetan als Spinner von der tonangebenden Gesellschaft, aber ihre Ideen haben letztlich den Sieg über die alte Welt davongetragen. Zu ihrer Zeit allerdings waren diese unangepassten Poeten, Vaganten und Weltverbesserer häufig arm, und außerhalb ihrer Kreise unwillkommen, einsam und zuweilen zu einem Leben auf der Straße verurteilt.

Über die Frauen unter diesen Alternativen ist wenig bekannt. Eine allerdings ragt heraus und konnte sich bis heute im Kanon der bedeutenden Lyrik halten: Else Lasker-Schüler, Gefährtin von Peter Hille und Ehefrau von Herwarth Walden, ein Musiker und Schriftsteller, der eigentlich Georg Levin hieß und dem Else Lasker-Schüler diesen *Nom de plume* gab. Er gründete mit Alfred Döblin den *Sturm*, die wichtigste Zeitschrift des Expressionismus. Die Dichterin Else Lasker-Schüler lernte 1899 den Schriftsteller und Anarchisten Peter Hille kennen und widmete ihm später ihr *Peter Hille-Buch*. Die Einflüsse waren wechselseitig stark, sie nannte ihn »Sankt Peter«, er sie »Tino« aus südlichen Gefilden. Man wollte völlig neu empfinden, denken und handeln lernen. Lasker-Schüler war neben Hille gewiss die radikalste Umdenkerin und Neuerin, was Dichtung und Leben betraf, sie veränderte sogar die Koordinaten und Fixpunkte des Daseins, indem sie ihre eigene Zeitmessung erfand: »Der Künstler trägt die Zeit nicht, zwischen zwei Deckel gelegt, bei sich an einer Kette; er richtet sich nach dem Zeiger des Universums.« Sie gab den Menschen, mit denen sie zu tun hatte, auch sich selbst, neue Namen. Den Namen, den Hille für sie gefunden hatte, griff sie auf und verlängerte ihn zu »Tino von Bagdad«, und sie stilisierte sich auch so: mit weiten Pluderhosen, bauschigen Blusen, klirrenden Armreifen und viel Schminke. Der Orient faszinierte sie, so bejahte sie ihre jüdische Abstammung. An ihrer Herkunft dichtete sie noch weiter herum. Aus ihrem Vater, der in Bankgeschäften tätig war, machte sie einen verträumten Weinbauern, und ihrer Mutter schrieb sie spanische Vorfahren zu. Sich selbst nannte sie gern »Prinz Jussuf«. »Ich bin in Theben geboren«, schrieb sie, »auch wenn ich in Elberfeld zur Welt kam.«

Elisabeth Schüler kam laut Geburtsregister nicht 1876, wie sie gerne von sich sagte, sondern am 11. Februar 1869 in Wuppertal-Elberfeld zur Welt, sie war das jüngste von sechs Kindern und sehr zart. Als Fünfjährige lernte sie lesen, die Schule brach sie früh ab, die Mutter vervollkommnete ihre Bildung. Gern erzählte Else, wie sie mit der bewunderten Mutter zusammen fabulierte und Gedichte verfertigte – Reime zu finden war für beide ein beliebtes Spiel. Ihre Erwachsenen-Zeit beginnt indes konventionell: Die Fünfundzwanzigjährige heiratet den acht Jahre älteren Arzt Berthold Lasker, mit dem sie nicht viel verbindet, und geht mit ihm nach Berlin. Dort hat sie ein eigenes Atelier, wo sie zeichnet und Fotografien herstellt. 1902 erscheint ihr erster Gedichtband *Styx* bei Axel Juncker in Berlin. Durch ihre Ehe fühlt sie sich zunehmend eingeengt, sie bricht aus. Zur Scheidung von Berthold kommt es erst 1903, da lebt das Paar längst getrennt, Else ist bereits mit Peter Hille liiert. Wer der Erzeuger ihres 1899 geborenen Sohnes war, hat sie nie verraten. Der griechische Prinz, den sie sich als Vater für den kleinen Paul ausdachte, war für sie real.

1903 löst sich Else von Peter Hille und geht im November ihre zweite Ehe, mit Herwarth Walden, ein. Der gründet den auf Erneuerung bedachten »Verein für Kunst«, in dem Heinrich und Thomas Mann, Richard Dehmel, Frank Wedekind und Rainer Maria Rilke verkehren; Else Lasker-Schüler trifft alle diese inspirierenden Persönlichkeiten und wird ihrerseits von ihnen wahrgenommen, gelesen und oft auch bewundert. Sie hat ihren eigenen Stil gefunden: persönliches Erleben, kosmisch gespiegelt, bricht sich an spröder Form. »Es treiben mich brennende Lebensgewalten,/ Gefühle, die ich nicht zügeln kann,/ Und Gedanken, die sich zur Form gestalten,/ Fallen mich wie Wölfe an.« Ein zweiter Gedichtband erscheint. Und sie arbeitet an dem Drama *Die Wupper*. Im Berliner *Romanischen Café*, auf Lesungen und Matinéen ist sie ein bestaunter Gast. Ein Rezensent: »Ihr Gesicht ist von einer orientalischen Sinnlichkeit, ihr Körper hat etwas Schlangenhaftes. Und nun las sie: Ihr eigentümliches, in gleicher Tonhöhe schwebendes

Organ füllte den Saal. Grelle Verzückungslaute durchschnitten hier und da diesen eintönigen Fluss ihrer Rede, und oft mündete er in einem schrillen Trompetenstoß, der ein Gedicht jäh und unerwartet abschloss. Das Publikum war starr vor Staunen, bis es sich der Wirklichkeit erinnerte und kopfschüttelnd, lachend und schwatzend da saß oder – verschwand.« Der Name Lasker-Schüler fällt jetzt öfter in Literatenkreisen, selbst der Wiener Kritiker Karl Kraus, vor dessen strengem Urteil kaum ein Newcomer besteht, widmet der Lyrikerin lobende Zeilen. »Nicht oft genug kann in dieser taubstummen Zeit, die die wahren Originale begrinst, durch einen Hinweis auf Else Lasker-Schüler gereizt werden, die stärkste und unwegsamste lyrische Erscheinung des modernen Deutschland.« Sie schließt Freundschaft mit Franz Marc und erfindet für seine Künstlergruppe den Titel »Blauer Reiter«.

Sieben Jahre nach ihrer Eheschließung trennen sich Walden und Lasker-Schüler. Es ist eine schwierige Zeit für die Dichterin. Sie lebt in einem Dachstübchen nahe beim Nollendorfplatz und schreibt und versorgt ihren Sohn. Ihr Schauspiel *Die Wupper* wird gedruckt, es gibt Lesungen, aber keine Inszenierung. Auch Gedichtbände waren schon seinerzeit schwer verkäuflich. Lasker-Schüler hat buchstäblich nichts zu beißen. Geld lässt sie kalt, aber was ist, wenn der Junge Hunger hat? Paul ist an Tuberkulose erkrankt, er braucht Medikamente. Freunde kommen für Mutter und Kind auf; Else ist zwischenzeitlich so arm, dass sie von nichts als Nüssen und Äpfeln lebt. Karl Kraus organisiert eine Sammlung für sie. So wird die bitterste Not abgewendet.

Als Dichterin aber wird sie nicht vergessen, ihr Name hat Gewicht, es erscheinen weitere Lyrik- und Essaybände sowie der Briefroman *Mein Herz*, in dem sie die Trennung von Walden verarbeitet, ferner der Geschichtenband *Der Prinz von Theben*. 1912 lernt sie Gottfried Benn kennen, mit dem sie eine Affäre hat. Sie nennt ihn Giselher. Er widmet ihr Gedichte. »Sie war klein, knabenhaft schlank, hatte pechschwarze Haare, kurz geschnitten, was zu der Zeit noch selten war, große rabenschwarze, bewegliche Augen mit einem ausweichenden Blick. Man konnte weder damals noch später mit ihr über die Straße gehen, ohne dass alle Welt stillstand und ihr nachsah: extravagante weite Röcke oder Hosen, Hals und Arme behängt mit auffallendem unechten Schmuck ...« Der Erste Weltkrieg treibt die Literatenkreise auseinander, Lasker-Schüler erschrickt tief vor der Grausamkeit der Menschen. Franz Marc fällt, und Georg Trakl, den sie gerade erst kennengelernt hat, bringt sich um. Lasker-Schüler schreibt ihr wohl berühmtestes Gedicht *Weltende*:

»Es ist ein Weinen in der Welt,
als ob der liebe Gott gestorben wär,
und der bleierne Schatten, der niederfällt,
lastet grabesschwer.

Komm, wir wollen uns näher verbergen ...
Das Leben liegt in aller Herzen
wie in Särgen.
Du, wir wollen uns tief küssen ...
Es pocht eine Sehnsucht an die Welt,
an der wir sterben müssen.«

Im Jahre 1919 wird *Die Wupper* endlich urauf-geführt, an Max Reinhardts Deutschem Theater, weitere Inszenierungen werden folgen. Die 1920er-Jahre, die als die wildeste und künstlerisch frucht-barste Zeit Berlins in die Geschichte eingehen, stehen für die Dichterin im Schatten der Sorge um ihren Sohn; seine Lungenkrankheit erweist sich als unheilbar, sie versucht alles für ihn, schickt ihn ins Sanatorium und muss doch mit ansehen, wie er unter ihren Augen immer schwächer wird, bis er am Ende des Jahres 1927 stirbt. In einem Brief sagt sie über sich selbst, sie sei »geprügelt an Leib und Seele, gerissenes Seidenpapier.« Zu Beginn der Dreißigerjahre unternimmt sie noch ei-nige Lesereisen und vollendet das Schauspiel *Arthur Aronymus*; 1932 wird sie mit dem Kleist-Preis aus-gezeichnet für »den überzeitlichen Wert ihrer Verse, den ewig-gültigen Schöpfungen unserer größten deutschen Meister ebenbürtig.« Danach nehmen antisemitische Ausfälle gegen sie üble Formen an, sie emigriert in die Schweiz, nach Zürich. 1934 macht sie Besuche in Palästina und destilliert aus dieser Reise ihr Buch *Das Hebräerland*, beginnt außerdem ihr letztes Theaterstück, das Drama *IchundIch*, eine Faust-Version. Es blieb Fragment. Zurück in Zürich gerät sie in einen langen hässlichen Streit mit den dortigen Einwanderungsbehörden – man will sie nicht haben, weil unklar ist, wovon sie lebt. Ausgerechnet diese Frau, die Ernst damit machte, sich selbst immer wieder neu zu erfinden, und alles, was in Registern und sonstigen Dokumenten steht, verachtete und wegwarf, hat nun mit dem Amtsschimmel zu kämpfen. Sie erhält nur kurzfristige Duldungen und muss deshalb alle drei Monate ausreisen, um dann wieder für drei Monate zurückkehren zu können. 1939 ist sie gerade in Jerusalem, als der Zweite Weltkrieg ausbricht. Jetzt ist der Rückweg verbaut, sie muss bleiben. Aber so gern sie Jerusalem und das Land ihrer Vorväter besucht hat, heimisch wird sie dort nicht. »Palästina ist gedanklich das fernste Land der Welt.« Sie versucht sich einzurichten, schreibt weiter an *IchundIch* und organisiert eine Lesebühne, die sie »Kraal« nennt. Sie selbst liest ihre Gedichte, namhafte Gelehrte tragen aus ihren Werken vor, unter ihnen Martin Buber. In einen der Gäste verliebt sie sich – in den Philosophen Ernst Simon. Der schreibt ihr: »Sie machen den so heroischen wie tragischen Versuch, ihr Dichtertum zu leben. Das macht Sie so groß und ihr Leben, heute, so schwer.« Das Drama *IchundIch* wird zu Lasker-Schülers Lebzeiten nicht veröffentlicht. 1943 erscheint noch ein Gedichtband, *Mein blaues Klavier*:

»Ich habe zu Hause ein blaues Klavier
Und kenne doch keine Note,
Es steht im Dunkel der Kellertür,
Seitdem die Welt verrohte.«

Nach einem Herzanfall stirbt Else Lasker-Schüler
am 22. Januar 1945 in Jerusalem. Das Ende des
Krieges hat sie nicht mehr erlebt. Im Nachkriegsdeutschland beginnt bald eine Rückbesinnung
auf die eigenwillige Dichterin, die ihre beste Zeit
in Berlin verbracht hat. Ihre Gedichte werden
wieder aufgelegt, und auch ihre Theaterstücke
kommen nach und nach auf die Bühne. Von sich
reden machte *Die Wupper* im Jahre 1963 am
Schillertheater zu Berlin unter der Regie von Hans
Lietzau, das Stück spaltete Publikum und Kritik.
Auch *Arthur Aronymus*, ihr Stück, das 1969, zum
100. Geburtstag der Dichterin, am Wuppertaler
Schauspielhaus aufgeführt wird, stößt auf Interesse
und Ablehnung zugleich. Im Jahre 1979 wird
Ichundich am Düsseldorfer Schauspielhaus urauf-
geführt. Else Lasker-Schüler lässt die Deutschen, die
sie vertrieben haben – eines ihrer späten Gedichte
heißt *Die Verscheuchte* –, nicht in Ruhe. In Berlin
gibt es nahe beim Nollendorfplatz, in der Gegend,
in der sie einmal gewohnt hat, eine Else-Lasker-
Schüler-Straße.

Die Welt besser machen
Alice Salomon (1872–1948)

»Man fütterte Kanarienvögel, begoss Blumentöpfe, stickte Tablettdecken, spielte Klavier und ›wartete‹« ... auf den richtigen Mann. So beschrieb Alice Salomon die Lebenspraxis junger Mädchen im Berliner Bürgertum der Kaiser- und Gründerjahre. Sie selbst empfand diese Art luxurierender Beschäftigung als Zumutung – für die Mädchen und für die Welt außerhalb der Familie, in der es so viel zu tun gäbe. Und sie fand sich nicht ab, sie verschmähte es, ihre Jugend mit der Ausschau nach einem Gatten zu vergeuden, stattdessen sah sie sich genauer in ihrer sozialen Umgebung um. Es gab viel Elend, Armut und Unrecht im boomenden Berlin jener Zeit – und diese Zustände zu ändern, schien Alice Salomon der besten Kräfte insbesondere junger Frauen wert.

Die Familie Salomon war wohlhabend, der Vater Kaufmann, Alice kam am 19. April 1872 als viertes von acht Kindern in Berlin zur Welt. Aber anders als die Brüder durfte sie keinen Beruf erlernen – dabei wäre sie so gerne Lehrerin geworden. Zur Tradition gebildeter jüdischer Familien in Berlin gehörte es immerhin, dass die Frauen sich um die Armen sorgten. Das schien Alice sehr viel sinnvoller als Deckchensticken und Blumen arrangieren.

*»Man fütterte Kanarienvögel, begoss Blumentöpfe,
stickte Tablettdecken, spielte Klavier und ›wartete‹ ...«
Alice Salomon, um 1932*

Als sich im Jahre 1893 die Berliner »Mädchen- und Frauengruppe für soziale Hilfsarbeit« gründete, war Alice dabei. Sie lernte die beschränkten Verhältnisse des Berliner Proletariats kennen, sie wollte helfen und sah, dass das nicht so einfach war. Gern spendete sie, was sie nicht unbedingt selbst brauchte – aber das genügte nicht, um die Verhältnisse von Grund auf zu verbessern. Darum aber musste es gehen. Ihre Mentorin wurde die Aktivistin Jeanette Schwerin, von der Alice lernte, dass der Wunsch, Bedürftigen zu helfen und die Wohlfahrt zu befördern, so lobenswert er auch sei, allein nicht ausreiche. Soziale Arbeit, so setzte Schwerin es ihr auseinander, verlange praktisches Geschick und juristische Kenntnisse, außerdem organisatorisches und politisches Engagement. All das müsse erstmal erlernt werden. Oft genug wurden Frauen, die Gutes tun wollten, von der behördlichen Fürsorge als inkompetente Störenfriede beiseite geschoben. So war denn auch die »Mädchen- und Frauengruppe für soziale Hilfsarbeit« zuallererst dafür gedacht, den Töchtern der Mittel- und Oberschicht Angebote für eine sinnvolle Tätigkeit zu machen und sie dafür auszubilden – als Alternative zum Deckchensticken. Zweierlei war damit bezweckt: die höheren Töchter davor zu bewahren, ihre Jugend zu vertändeln – und zugleich Not zu lindern. Alice Salomon hat ihr Leben in den Dienst dieser beiden Ziele gestellt. »Ich begriff, dass selbst das geringe Kapital an Bildung und materiellen Gütern, das mir mitgegeben war, mich den bevorzugten Klassen einreihte und dass darin eine Verpflichtung lag, die Welt besser zu machen, als ich sie vorfand.«

Durch ihre Mitarbeit in Jeannette Schwerins Initiative war Alice in der Frauenbewegung angekommen. Es gab vielerlei Gruppierungen, die meisten setzten sich für anspruchsvollere Bildung und mehr Rechte für Frauen in der Familie ein, sowie für das Wahlrecht und den Zugang auch des weiblichen Geschlechts zu den Universitäten. Ein Leben für die Gleichberechtigung war Alice nicht an der Wiege gesungen worden, und die Mutter schüttelte den Kopf über die Begeisterung ihres begabten Mädchens für so abseitige Fragen wie weibliche Selbstständigkeit. Aber da war nun nichts mehr zu ändern, die Mutter musste sogar akzeptieren, dass Alice entschied, nicht zu heiraten. Die Tochter war kaum noch einen Abend daheim – zu viel gab es zu tun für das nächste Frauentreffen und die Vorbereitung größerer Zusammenschlüsse von Emanzipationsbewegungen in allen Städten – und im Ausland: in den USA, in England, der Schweiz, Frankreich und Skandinavien kämpften Frauen für dieselben Ziele wie sie und Jeannette Schwerin. Alice bewies großes Organisationstalent und die Fähigkeit, über Grenzen hinweg Kontakte zu knüpfen und zu intensivieren. Als im Jahre 1899 der ICW, der Internationale Frauenbund, in London tagte, fuhr sie hin, um teilzunehmen und Mitstreiterinnen kennenzulernen; sie traf erstmals

Lady Aberdeen, schottische Sozialreformerin und erste Präsidentin des Bundes. Beim nächsten Kongress des ICW, der 1904 in Berlin stattfand, gehörte Salomon schon zu den Organisatorinnen. Das Wiedersehen mit Lady Aberdeen entzückte sie, die beiden schlossen Freundschaft. Bertha von Suttner trat auf und sprach für den Frieden, außerdem referierten Gertrud Bäumer, Helene Lange und Bertha Pappenheim. Lady Aberdeens soziale Gesinnung war religiös grundiert; die Art der Freundin, Glauben und Handeln, Spiritualität und Tatkraft zusammenzuführen, beeindruckten Alice tief. Sie trat zum christlichen Glauben über und ließ sich in Irland während eines Besuches bei den Aberdeens protestantisch taufen.

Die sogenannte bürgerliche Frauenbewegung der Jahrhundertwende war in sich uneinheitlich und hie und da arg zerstritten – man unterschied grob zwei Flügel – einen radikalen, der die Ehe ablehnte, freie Liebe befürwortete und völlige Gleichstellung der Geschlechter forderte, und einen gemäßigten Flügel, zu dem Alice Salomon gehörte. Dieser hielt an der Familienperspektive für Frauen als wichtiges Ziel fest, wollte aber die Bildung verbessern und Frauen den Zugang zu solchen Berufen öffnen, die mit ihrer Vorstellung von Weiblichkeit vereinbar waren. Frauen sollten neben den Berufen der Lehrerin und Erzieherin, die ihnen vorher schon offen standen, auch Ärztinnen werden können, ferner die Rechte, Philosophie und Sprachen studieren und so als Jugendrichterinnen, Professorinnen und Dolmetscherinnen wirken dürfen. Auch in der Verwaltung sollten sie angestellt werden und selbst in technischen Berufen zumindest als Hilfskräfte, z. B. als Laborantinnen, tätig sein. Dafür mussten Ausbildungsgänge geschaffen werden. Was die Sozialarbeit betrifft, so darf man sagen, dass Alice Salomon diesen Berufszweig erfunden und die Schulung dafür entworfen und erstmals praktisch ausgestaltet hat.

Das Jahr 1908 war ein großes Jahr für Alice Salomon und für die Fachdisziplin Sozialarbeit. Salomon eröffnete ihre »Soziale Frauenschule« in der Schöneberger Barbarossastraße und begann mit Kollegen und Kolleginnen im selben Jahr den Lehrbetrieb. Achtzig Schülerinnen schrieben sich ein, etwa die Hälfte zog zum Zwecke der Ausbildung aus anderen Städten an die Spree. Träger war der »Berliner Verein für Volkserziehung«, Salomon war völlig frei in der Gestaltung dieser Bildungsstätte. Sie konnte den Lehrplan selbst bestimmen, und sie stemmte die gesamte Verwaltung in eigener Person. Die Schule florierte, bald ließ Salomon einen Anbau errichten. Und so sprach die Gründerin zu ihren Schülerinnen: »Alles liegt daran, dass eine neue Müttergeneration erzogen wird, die von Jugend auf einen selbstständigen Interessenkreis gewohnt ist, und deshalb in gewissem Umfang außerhäuslichen Interessen nachgehen kann, ohne darüber die Familie zu vernachlässigen; die nicht mehr ihr ganzes Leben auf eine Karte setzt. Die Frauen, die zu einem Beruf, zu einem weiteren Pflichten- und Interessenkreis erzogen sind, werden vielleicht nicht immer in der Ehe soziale Aufgaben ausüben. Aber sie werden eine Arbeit haben, zu der sie in irgendeiner Form zurückkehren können, wenn die Kinder erwachsen sind. Sie haben neben der Familie einen zweiten Lebenskreis und brauchen deshalb nicht die Kinder mit der Hoffnung auf die Verwirklichung ihrer Ideale zu belasten. Diese neue Müttergeneration soll die Frauenbewegung heranziehen helfen.«

Berlin war zwar seinerzeit ein Ort scharfer sozialer Gegensätze und armseliger Hinterhofquartiere, aber die Hauptstadt war auch ein Magnet für Künstler und Wissenschaftler aus allen Gegenden des Reiches. Salomon interessierte sich brennend für Geistesgeschichte, sie hätte gar zu gern studiert und setzte sich selbstverständlich und mit Erfolg für das Frauenstudium ein. 1908 öffneten sich in Preußen die Türen der Alma Mater für Studentinnen; Salomon hatte sich zuvor schon als Gasthörerin eingeschrieben. Sie belegte Staatswissenschaften und Nationalökonomie und fand in dem Wirtschaftswissenschaftler Max Sering einen entschiedenen Förderer. Ihr zweiter Mentor wurde der Bruder des berühmten Max Weber, der Ökonom und Soziologe Alfred Weber. Ihm verdankte Alice, dass sie schon im Jahre 1906 über das Thema »Ungleiche Löhne bei Männern und Frauen« promovieren konnte. Er räumte die formalen Hürden beiseite, die darin lagen, dass ja Salomon kein Abitur hatte und so auch kein normales Studium absolvieren konnte. Seltene Ausnahmen wurden bei Promotionen immer wieder mal gemacht. So hatte also Salomon als Leiterin ihrer Schule einen schmückenden und ihr ganzes Unternehmen aufwertenden Doktortitel.

Der Erste Weltkrieg unterbrach die vielversprechende Arbeit an der Frauenschule, er vertiefte die Spaltung der Frauenbewegung und machte den Lehrbetrieb zeitweilig unmöglich. Salomon hatte immer darauf bestanden, dass Sozialarbeiterinnen bereit sein müssten, mehr zu geben als einzunehmen; zwar hätten sie für ihre Arbeit ein Gehalt verdient, aber ohne Herz ginge es dann doch nicht. Jetzt während des Krieges appellierte sie erneut an die Opferbereitschaft ihrer Schülerinnen, die für die Verwundeten und die Witwen sammeln und ihnen helfen sollten – ohne dafür einen anderen Lohn zu erwarten als das Bewusstsein, Gutes zu tun. In diesem Punkt unterschied sie sich von ihrer Mitkämpferin Gertrud Bäumer, die Salomons Idealismus für schädlich hielt – der Sache der Frauen jedenfalls sei sie nicht besonders förderlich. Andere Konflikte traten hinzu. Salomon machte bei der kriegsbedingt nationalen oder gar nationalistisch sich verengenden Perspektive in der Betrachtung der Weltlage nicht mit – ihr lag zu viel an den Kontakten zu den Französinnen und den Engländerinnen, die sie nicht im Dienste von Kriegspropaganda aufs Spiel setzen wollte. So vereinsamte sie mit ihrer kriegsgegnerischen Position sozusagen zwischen den Fronten und konnte erst aufatmen und wirkungsvoll weiterarbeiten, als Frieden geschlossen war.

Und sie plante den nächsten Schritt. Auch die Sozialarbeit, schien ihr, müsse, um von der Gesellschaft so ernst genommen zu werden, wie sie es verdiene, akademische Weihen erlangen. Und so hieß das neue Projekt der Alice Salomon: eine Frauenhochschule. Im Jahre 1925 eröffnete sie die Deutsche Akademie für soziale und pädagogische Frauenarbeit, zunächst in den Räumen ihrer »alten« Frauenschule, sodann im ebenfalls in Schöneberg gelegenen Pestalozzi-Fröbel-Haus. Ausbilden wollte sie Jugendpflegerinnen und Leiterinnen von Wohlfahrtsinstituten, Volkshochschulen und Berufsschulen, sie wollte für die Praxis qualifizieren und sah dort den größten Bedarf. Die hergebrachte Ausbildung in Sachen soziale Arbeit an den Universitäten leide »unter ihrer durch die Tradition geformte Eigenart. Sie dient der reinen Forschung, nicht der Vorbereitung zum Handeln. Sie kann sich nicht auf besondere weibliche Aufgaben und Leistungen einstellen. Nur eine Bildungsstätte, die eine Verbindung zwischen praktisch sozialer, pädagogischer Arbeit und wissenschaftlichem Studium darstellt, kann diesen Aufgaben entsprechen.«

Die Akademie erwarb bald einen guten Ruf. Es ging dort indes nicht nur um praktische Sozialarbeit, es entstand auch eine Forschungsabteilung, die wichtige Daten über die Arbeitsperspektiven von Frauen in den Zwanzigerjahren erhob. Große Gelehrte hielten Vorträge, unter ihnen Albert Einstein, Ernst Cassierer und Paul Tillich. Alice Salomon selbst wurde zu einer prominenten Figur, die im öffentlichen Leben stand und hoch geachtet war. Ihre zahlreichen Schriften über den Themenkreis »Soziale Frauenpflichten« wurden viel gelesen. Zu ihrem 60. Geburtstag am 19. April 1932 bekam sie vom preußischen Kabinett eine Medaille für »Verdienste um den Staat«, die medizinische Fakultät der Berliner Universität verlieh ihr die Ehrendoktorwürde.

Im Jahre 1933 schloss Alice Salomon ihre Akademie selbst – bevor die Nazis es tun konnten. Nach ihrer Ausweisung aus Deutschland emigrierte die Fünfundsechzigjährige 1937 in die USA, wo sie keine ihr angemessene neue Wirkungssphäre fand. Es gab dort zwar Menschen, die sie kannten und verehrten und ihr weiterhalfen, immerhin, aber sie blieb abhängig von Spenden und freundschaftlicher Unterstützung. Ihr Rat war in den USA kaum gefragt, und auch ihre Schriften waren dort unbekannt. Am 30. August 1948 starb Alice Salomon in New York.

In Deutschland ist sie nicht vergessen. Dazu sind die Spuren, die ihre Pioniertätigkeit, geistige wie praktische, hinterlassen haben, zu tief. Die Alice Salomon-Hochschule in Berlin-Hellersdorf, am Alice-Salomon-Platz gelegen, ist heute eine stark frequentierte Lehranstalt, in der die Erinnerung an die Gründerin weiterlebt. In ihrer Autobiografie zitiert sie folgende Sätze aus dem Brief einer ehemaligen Schülerin: »Es mag schwer für Sie gewesen sein, nicht zu heiraten, aber es ist gut so. Andernfalls hätten Sie nicht das für uns tun können, was Sie getan haben.«

Warum soll er nicht mit ihr ...
Claire Waldoff (1884–1957)

In Berlin überkreuzten sich von jeher so viele Wanderwege der Menschen, strömten Polen, Schwaben, Westfalen, Brandenburger, Hugenotten und Juden hinein und wieder heraus, dass man von Ureinwohnern eigentlich nicht sprechen konnte. ›Echte Berliner stammen aus Breslau‹ – so ein geflügeltes Wort der Kaiserzeit. Und es gab damals ja wohl kaum eine Berlinerin, die so echt war wie die Kabarettistin und Sängerin Claire Waldoff. Sie war der Inbegriff der Berliner Schnauze, und sie stammte – aus Gelsenkirchen. Dort wurde sie am 21. Oktober 1884 in die Gastwirtsfamilie Wortmann hineingeboren, als elftes von insgesamt sechzehn Kindern. Der Rotschopf Clara fiel früh durch seine Rauflust auf. Wer sich auf dem Hinterhof mit ihr oder ihren Geschwistern anlegte, hatte nichts zu lachen. Später stellte sich heraus, dass das Mädchen was im Koppe hatte, Clara besuchte einen gymnasialen Kurs für Töchter und schloss die Schule ab. Aber was sie dann doch stärker anzog als das eigentlich geplante Medizinstudium, war das Theater. Sie suchte sich ein erstes Engagement. Über Bad Pyrmont, Kappeln an der Schlei und Kattowitz kommt sie 1906 nach Berlin.

Die Stadt zieht damals jede Menge Talente an, sie bildet ein reges Musik-, Club- und Nachtleben aus, und die neue Kunstform Kabarett elektrisiert das Publikum. »Ich empfand gleich das Besondere dieser Stadt, das unerhörte Tempo, das Temperament, das unglaubliche Brio. Von morgens bis abends bin ich mit der Bahn hin- und hergefahren, um die Stadt und die Menschen zu sehen«, so Waldoff in ihren Lebenserinnerungen. Aber Berlin ist auch ein raues Pflaster, und nicht jedes Sensibelchen mag die Metropole und fühlt sich nach ersten Besuchen zum Bleiben ermuntert. Bei Waldoff und Berlin ist es Liebe auf den ersten Blick, ist es so, als hätten beide nur aufeinander gewartet. Die Stadt macht aus der jungen Schauspielerin im Handumdrehen eine Berliner Röhre, lehrt sie ihr wegwerfendes Idiom und ihre herzliche Spielart von Rotzigkeit. Und Claire erobert binnen Kurzem die Berliner, sie erschafft sich ein Publikum, das für immer zu ihr hält.

Aber erstmal fängt sie klein an: am Figaro-Theater am Kurfürstendamm, wo die Leute an runden Tischen sitzen und sich über geistreiche Einakter amüsieren. Claire debütiert in einer Hosenrolle: als Liftboy mit Witz. Kritiker Alfred Kerr notiert im *Berliner Tageblatt*, man müsse diese Anfängerin im Auge behalten, sie besitze »ein originelles Talent«.

Das Figaro-Theater geht bald pleite. Claire wechselt zum Neuen Schauspielhaus am Nollendorfplatz, wo sie in einer winzigen Rolle als schnippische Göre so viel Applaus kassiert, dass die Kollegen

Claire Waldoff, Berlins volkstümlichste Kabarettistin,
ca. 1928

neidisch werden und ihre Entlassung betreiben. Das ist ein Schock für die Neuberlinerin, die von einem Tag auf den anderen nicht weiß, wovon sie leben soll. Glücklicherweise hat sie schon einige gute Freundschaften geschlossen und Kontakte in der Theaterwelt geknüpft, sodass sie nicht zu darben braucht und bald ein neues Engagement findet. Sie spricht bei dem Direktor des Kabarett-Theaters *Roland* von Berlin vor und bietet an, Dichtungen und Essays auf der Bühne des *Roland* zu zitieren sowie Volkslieder und Gassenhauer zu singen. »Da meine Zeitungskritik von Alfred Kerr und mein apartes, verrücktes Aussehen dem Direktor großen Eindruck machten, gelang es mir, ihn zu überreden, mich für eine monatliche Gage von 700 Mark für die ganze Saison zu engagieren. Ich dachte sofort an meine hungernden Freunde aus der Berliner Boheme. Vom ersten Vorschuss wurden alle ihre Mieten bezahlt. Und wir tranken eine schöne Flasche Rotspon bei Segantini, der kleinen Kneipe an der Potsdamer Brücke«, erinnert sich Waldoff in ihren Memoiren. Der Komponist Walter Kollo komponiert Couplets für sie, und die Nachtschwärmer von Berlin feiern im *Roland* ihren neuen Star. Doch auch hier geht es letztlich nicht gut weiter. Die Texte von Paul Scheerbart, die Claire vorträgt, geraten unter die Argusaugen der Zensur, sie gelten als staatsfeindlich, Waldoff droht ein Auftrittsverbot. Sie wechselt erneut den Brotherren und geht ans Kabarett *Chat noir*, wo sie als »Etonboy«, also in einer Schuluniform, auftritt. Inzwischen ist sie ein Star und kann eine satte Gage aushandeln.

Den Künstlernamen Waldoff übrigens hat sie sich »einfach so« zugelegt, es gibt da keine tiefere Bedeutung. Klanglich aber transportiert der Name etwas von der Derbheit und der »Immer-feste-druff«-Haltung, die Claire auf der Bühne so unvergleichlich darbieten konnte. Sie war klein, in der Jugend dünn, bald schon rund, rothaarig und mit einer starken, kehligen Stimme gesegnet, die gleichwohl großer Zartheit fähig war. Die einfachen Leute, die Bewohner der Berliner Hinterhöfe, aber auch die armen Dichter und Künstler, die im kaiserlichen Berlin oft prekär lebten, hatten es ihr angetan und blieben ihr Milieu. Als sie um 1910 herum in Berlin bekannt wurde, gab es Versuche seitens der vornehmen Welt, die Diseuse Claire Waldoff zu adoptieren und sie zu schicken Partys einzuladen. Aber Claire winkte ab. Was sie für die bessere Gesellschaft übrig hatte, war lässiger Spott. Allerdings blieb auch der Spott im Grunde gutmütig. Für die scharfe politische Satire taugte Claire nur bedingt. Ihre Aggressivität war stets die Kampfeslust einer Frohnatur. Wenn jemand irrigerweise vermeinte, was Besseres zu sein, konnte sie unverblümt kontern. Aber im Grunde ihres Herzens suchte sie den Ausgleich und die Harmonie und das gemeinsame Gelächter über eine verrückte, verblendete Welt.

Das machte sie zu einer so guten Berlinerin. Zwar war schon damals der Berliner Umgangston für seine

Schroffheit berühmt, doch die Droschkenkutscher, Bauarbeiter und Arbeitslosen konnten auch gut zusammen feiern und wahre Freundschaft halten. Der Berliner Witz richtete sich meistens gegen die da oben. Waldoffs Künstlermilieu rund um das »Café Größenwahn« – eigentlich: *Café des Westens* am Kurfürstendamm – hegte starke Affekte gegen das preußische Beamtentum und die Militarisierung des Umgangs, kaum jemand unter ihren Kolleginnen und Freunden teilte die Kaiserverehrung der Soldaten und der Neureichen. Vieles von dem, was sich Dichterinnen wie Else Lasker-Schüler, Literaten wie Egon Friedell und Alfred Polgar, Dramatiker wie Frank Wedekind und Carl Sternheim, Komponisten wie Walter Kollo, Paul Lincke und Friedrich Hollaender, Tänzerinnen wie Anita Berber und Valeska Gert und Schauspielerinnen wie Marlene Dietrich jetzt trauten, war völlig neu. Es hatte mit der bürgerlichen preußischen Hauptstadt und deren parvenuehaftem Gebaren nichts gemein, war schräg, kritisch, gewagt und rebellisch, mit einem Wort: Avantgarde. Claire Waldoff gehörte da mitten hinein. Mit Kollo, Friedell, Berber und Dietrich war sie gut befreundet. Ihr bester Kamerad war der Maler Heinrich Zille; was er mit Farbstiften machte, trieb sie auf der Bühne.

Die Frauenemanzipation ist im beginnenden 20. Jahrhundert ein großes Thema. Seit 1908 dürfen Frauen studieren, sie kämpfen ums Wahlrecht und um die Freiheit, das eigene Geschlecht erotisch zu umwerben. Zwar steht nur die männliche Homosexualität unter Strafe, aber es gibt Bestrebungen, die Sanktionen auch auf lesbische Paare auszuweiten. Das betrifft Claire unmittelbar, sie flirtet nicht nur gern mit Frauen, sie hat auch eine Lebensgefährtin gefunden: Olga von Roeder, eine schöne Baronesse. Mit ihr lebt sie in einer großen Wohnung. Sie verhehlt nie, wie sie lebt und wen sie liebt. Sie und Olli sind in der Berliner Boheme ein vielfach bewundertes Paar.

Inzwischen waren Kabarett und Varieté zu echten Kunstformen aufgestiegen, Waldoff sang und tanzte ihren grotesken »Ententanz« jetzt auch im *Linden-Cabaret*, und dort präsentierte sie 1913 ihren bekanntesten Song: »Hermann heeßt er / mit de Knie stößt er«, eine Art proletarisches Liebeslied, das bald von ganz Berlin gesungen wurde. Claire war jetzt reif für die schickste Kleinkunstbühne, den *Wintergarten*. Dort traten Weltstars auf, und Claire schwärmte für die Tänzerin La bella Leonora, die ihr den seinerzeit größten Showmann der Welt vorstellte: Charles B. Cochran. Dieser erfahrene Impresario war von Claire so entzückt, dass er sie umstandslos mit nach London nahm. In einer Art Schnellkurs lernte sie Englisch und bezirzte im Varieté *Empire* die kritischen Briten. Das war der Beginn ihrer weltweiten Ausstrahlung, die durch Schallplatten und Filmrollen weiter befeuert wurde. Sie wird später noch viele Gastspielreisen unternehmen, aber ihr Lebensmittelpunkt bleibt immer ihre

Wahlheimat: »Mein Berlin, du Zauberstadt! Du hast nicht die herrliche architektonische Schönheit von Paris, bist auch nicht Roma aeterna, bist in kärglicher Schönheit auf märkischem Sand gebaut, bist zu schnell groß geworden, aber: du bist einzig – in deiner erregenden Atmosphäre, in deiner unerhörten Arbeitskraft, in deiner großartigen Geistigkeit. Du Stadt der herrlichsten Schauspieler bist einzig in deinen herben, plastischen, kessen, treffenden Redensarten, und du hast dabei das zarteste, gütigste Herz.«

Der Erste Weltkrieg erwischte das Künstlervolk um Claire Waldoff kalt – mit verschärfter Zensur und Theaterschließungen. Die Kabarettisten versuchten, sich irgendwie durchzumogeln, das Café Größenwahn machte dicht, und für Claire hieß das, viel Zeit mit ihren Freunden – darunter der Dichter Joachim Ringelnatz und die Malerin Auguste von Zitzewitz – in ihrem Schmargendorfer Schrebergarten zu verbringen. Waldoff liebte das Feiern, das Unter-Leute-Gehen, sie war Mittelpunkt der ausgelassensten Künstlerparties, aber jetzt war erstmal Schluss mit lustig. Dennoch: The show must go on, wenn auch unter erschwerten Bedingungen. »Die Heimat, die Theater ›stellten sich auf den Krieg um‹, und das Lieblingslied der Feldgrauen im Weltkrieg wurde mein Lied ›Hermann heeßt er‹«.

Die Zwanzigerjahre in Berlin sind auch für Claire eine goldene Zeit. Sie geht auf Tourneen durchs ganze Land, tritt in allen großen Häusern Berlins auf, reist 1924 mit Olli nach Paris, wo sie die Mistinguett kennenlernt, den Star der *Folies Bergère.* »Nach Berlin zurückgekehrt, wurde ich für die neue Revue von Erik Charell im Großen Schauspielhaus engagiert mit meinen Liedern im Solo und in einer Panoptikums-Szene als ›Halb-Mann, Halb-Frau‹. Hier sang ich zum ersten Male mein neues, inzwischen berühmt gewordenes Chanson: ›Warum soll er nicht mit ihr vor der Türe stehn?/ Warum soll er nicht mit ihr mal konditern gehn?/ Warum soll er nicht mit ihr,/ Wehn die Frühlingslüfte zart,/ Machen mal uff de Spree eene Mondscheinfahrt?/ Warum soll er nicht mit ihr mal 'n Witz riskiern,/ Warum soll er nicht mit ihr mal die Liebe spür'n?/ Warum soll er nicht mit ihr?/ Warum soll er nicht mit ihr?/ Tja, ick weeß et nich, die Mutter, die is nich dafür.‹ Dieses Lied und ›Hermann‹ werden wohl noch gesungen werden, wenn ich längst verschwunden bin.«

Claire musste schon lange nicht mehr um ihr Publikum kämpfen – sie hatte es ein für alle Mal erobert und brauchte nur weiterzumachen, der Applaus war ihr sicher. Und da es immer wieder neue Lieder und Shows gab, musste sie sich auch nicht vor der Routine fürchten. Die besten Komponisten, unter ihnen Claus Clauberg, Walter Mendelssohn und Eduard Künnecke, waren stolz, für sie zu arbeiten, und auch die ohnehin nicht sehr bedeutende Berliner ›gute Gesellschaft‹ stand um Eintrittskarten Schlange. Kurt Tucholsky, von dem

Claire Waldoff zahlreiche Lieder in ihr Repertoire aufnahm, schrieb über ihre Darbietungen: »Man muss sie das Wort ›Frühling‹ sagen hören: ein kleiner Seitenblick nach unten, und Hunderte von Sentiments gehen dabei flöten. Sie bemüht sich gar nicht, sie nennt ihre Anbeter objektiv ›farickt‹.«

Als die Nazis an die Macht kamen, ging es wieder los mit den Kontrollen, und als der Volksmund ihren Gassenhauer »Hermann heeßt er« ein wenig umdichtete, sodass er in nicht sehr schmeichelhafter Weise auf Göring bezogen werden konnte, geriet Waldoff kurzzeitig selbst ins Fadenkreuz der neuen Herrscher. Claire sah mit Entsetzen, wie ihre jüdischen Kollegen das Land verließen. Bang wartete sie mit Olli auf das Ende des »Nazi-Spuks«. Aber der ließ auf sich warten. Das zwischenzeitlich gegen sie verhängte Auftrittsverbot wurde nach ihrem wohl pragmatischen Eintritt in die Reichskulturkammer wieder aufgehoben. Doch obwohl sie 1942 die musikalische Truppenbetreuung der Wehrmacht übernahm und vor deutschen Soldaten im besetzten Paris auftrat, blieb die Sängerin mit dem frechen Mundwerk und dem lesbisch-libertinären Lebensstil den Machthabern im III. Reich suspekt. Als der Bombenkrieg in Deutschland begann, flüchteten Claire und Olga in ein Landhaus nach Bayern. »Der Zweite Weltkrieg zerstörte nach und nach unser geliebtes Deutschland und brachte so viel Gram und Elend über die Menschen. Er zerstörte auch mein kostbares, köstliches Berliner

Heim. Mein geliebtes Berlin wurde langsam, aber sicher zum Trümmerhaufen.«

Nach dem Krieg tourt Claire noch einige Male durch die Städte Süddeutschlands, aber ihre Karriere kommt nicht erneut in Schwung. Erst 1950, nach acht Jahren fern von ihrer »Zauberstadt«, traut sie sich wieder nach Berlin, tritt im *Titania-Palast* auf. »Tief bewegt sah ich die Trümmer der großen, verwundeten, zerstörten Stadt.« Am 22. Januar 1957 stirbt Claire Waldoff in Bad Reichenhall. Der Kabarettist Werner Finck schrieb drei Jahre zuvor zu ihrem 70. Geburtstag: »Keen Sekt, nur Molle auf Molle/ Für Claire, die Wundervolle.«

Heute gibt es in Berlin-Tiergarten die Claire-Waldoff-Promenade und in Mitte die Claire-Waldoff-Straße.

»Eigentlich habe ich mir immer gewünscht:
nur ein paar Augen sein ...«
Jeanne Mammen, ca. 1930 in Berlin

Die Unbeugsame
Jeanne Mammen (1890–1976)

»Ich kannte keinen Menschen, ich habe geheult wie ein Schlosshund, so scheußlich fand ich es in Deutschland. Ich sprach doch nur Französisch und hatte Schwierigkeiten mich auszudrücken. Die Straßen waren dunkel, ohne Licht und Läden, die Häuser klotzig und pompös, alles zugeknöpft, frostig, hochanständig, sogar die Straßenarbeiter trugen Hut und weiße Hemden mit Krawatte. Das Militär stramm, die ›Herren‹ hochnäsig und frech. Sogar die Boheme im *Café des Westens* war fein gewichst und verlangte mit freundlicher Distance ihre Getränke vom ›Herrn Oba‹. Vor Geld krochen sie, wer keines hatte, war ›'n Dreck‹. Nach den langen Pariser Jahren fühlte ich mich dermaßen fremd, dass ich innerlich stöhnte: ›Nein, hier *kann* ich nicht leben.‹«
Gemeint ist das Berlin des Jahres 1915. Jeanne Mammen ist fünfundzwanzig Jahre alt und eben erst von der Seine an die Spree gezogen. In Berlin ist sie zwar geboren, doch in Paris ist sie aufgewachsen und zur Schule gegangen. Ganz klar, das piefige Berlin gefällt ihr nicht.

Gertrud Johanna Louise Mammen wird am 21. November 1890 einer wohlhabenden Familie als jüngstes von vier Kindern geboren. Sie wird

Jeanne genannt, auch die anderen Schwestern haben französische Rufnamen: Loulou und Mimi. Vater Gustav Oskar ist ein umtriebiger Kaufmann, er kommt aus einer alten friesischen Familie in Neuharlingersiel, geboren und aufgewachsen ist er im sächsischen Plauen. Jeannes mondäne Mutter, in Aachen geboren, ist Sprachlehrerin und ebenso frankophil wie der Vater. Das Paar lebt in Paris, 1882 wird die älteste Tochter Loulou geboren. Mitte der 1880er-Jahre kauft der Vater Anteile an der Berliner Schriftgießerei Theinhardt, und die Familie zieht an die Spree, wo sie bis zur Jahrhundertwende ihren Lebensmittelpunkt hat. 1901 veräußert der Vater seine Anteile und wird Teilhaber einer Glasbläserei in Paris. Jeanne ist etwa zehn Jahre alt, als die Familie wieder nach Paris zieht. Das Mädchen wächst in gutbürgerlicher Geborgenheit auf. »Schon als kleines Kind habe ich alles beschmiert, was mir in die Hände kam. Immer hatte ich große Papierhaufen vor mir, die ich vollpinselte.« Kunst und Kunsthandwerk spielen in der weltoffenen Familie eine besondere Rolle. Französische Literatur ist Jeannes zweite große Leidenschaft; Flaubert, Daudet, Verlaine, Rimbaud und Zola dienen ihr lebenslang als Inspirations- und Trostquelle. Mit Lieblingsschwester Mimi besucht Jeanne das Gymnasium, die Mädchen erhalten eine fundierte musische und naturwissenschaftliche Ausbildung. Gemeinsam absolvieren sie an der Pariser Académie Julian ein rund einjähriges Kunststudium im ›Damenatelier‹ – auch Käthe Kollwitz und Paula Modersohn-Becker lernten hier. Von 1908 bis 1910 besuchen sie die staatliche Académie Royale des Beaux-Arts in Brüssel, denn die nimmt auch Frauen auf: »Wir mussten furchtbar arbeiten: von acht Uhr früh bis zehn Uhr abends. Das sollen sich mal die faulen Onkels hier auf der Kunsthochschule zu Herzen nehmen. Man war den ganzen Tag auf den Beinen: morgens malen, abends zeichnen, nachmittags malen, dazu die ganzen Kurse. Es gab eine herrliche Bibliothek: da waren wir eifrige Gäste. Ich war die Jüngste in der Klasse. Als achtzehnjähriger Popanz erhielt ich die Medaille für Komposition: Ich habe einen Kuss und 150 Francs bekommen – zum größten Bedauern meiner Kollegen, da es damals nicht üblich war, dass eine kleine Demoiselle von achtzehn Jahren eine Lage schmiss.« Ihre männlichen Kommilitonen sind verblüfft, vielleicht auch, weil Frauen eine noch ungewohnte Erscheinung in den Bildungseinrichtungen jener Zeit sind. Im Jahr darauf ziehen Jeanne und Mimi weiter nach Rom, an die Accademia di Belle Arte. Zurück in Paris gestalten die Schwestern 1912 ihre ersten Ausstellungen im gemeinsamen Atelier. In diesem und im Folgejahr nehmen Jeanne und Mimi auch an den angesehenen Gruppenausstellungen der Société des Artistes Indépendants teil. In dieser Zeit skizziert Jeanne Mammen bereits erste Großstadtimpressionen. In den Jahren vor dem Krieg streift sie durch Belgien und Frankreich. Tatsächlich wandert sie als Frau allein, füllt ihre Skizzenbücher mit Szenen aus Kaffeehäusern und Restaurants. Zu Beginn des Ersten Weltkrieges wird das Vermögen des Vaters erst konfisziert, schließlich versteigert, Deutsche werden zu ›feindlichen Ausländern‹ erklärt und können interniert werden. Mitten im Krieg kehrt Familie Mammen mittellos in die Reichshauptstadt zurück.

Vorübergehend finanziert Jeanne u. a. mit Fotoretuschen und Schaufenstergestaltung ihren Unterhalt. Wählerisch kann sie nicht sein und hat daher »alles, alles, alles gemacht: Puppen angemalt, Schmetterlinge ausgeschnitten, Holzschuhe genagelt«. Parallel dazu bieten die Schwestern verschiedenen Verlagen und Zeitungen kleine Alltagsskizzen und Modezeichnungen an. 1916 veröffentlichen die Geschwister im Kunstgewerbeblatt erstmals einige Arbeiten, Mimi unter dem Pseudonym Folcardy, Jeanne unter ihrem richtigen Namen. 1920 ziehen Jeanne und Mimi in den 4. Stock des Hinterhauses am Kurfürstendamm 29 in ein Wohnatelier. Bis in die 1930er-Jahre werden die beiden hier zusammen leben und arbeiten, Mimi ist häufig Jeannes Modell. Das ehemalige Atelier eines jüdischen Fotografen besteht nur aus zwei Räumen. Es gibt Gaslicht, Kaltwasser, Toilette auf halber Treppe, eine Herdplatte hinter der Tür bildet die »Küche«. Neben dem Atelierraum mit hohen Decken und großem Nordfenster gibt es ein kleines Zimmer zum Innenhof, in dem Bett und Bücher untergebracht sind, außerdem einen kleinen Balkon, ihr »Gärtchen«. Man muss sich diese Kargheit als eine Form von Freiheit vorstellen. Es braucht nicht viel, um hier leben zu können, die Künstlerinnen bleiben für sich, unbehelligt von der Außenwelt. In diesem Refugium hat Jeanne Mammen sechsundfünfzig Jahre lang bis zu ihrem Tod gelebt und gearbeitet. Die Klause mit ihren Büchern, Bildern und Trouvaillen ermöglicht einen interessanten Einblick in die Persönlichkeit der Künstlerin.

Berlin wandelt sich in den 1920er-Jahren zu einer Metropole des Tempos und der Exzesse, die S-Bahn fährt im Zwei-Minuten-Takt, morgens, mittags und abends erscheinen Zeitungen, mit mehr als vier Millionen Einwohnern ist sie mittlerweile die fünftgrößte Stadt der Welt. Die jungen Frauen, die erstmals eigenes Geld auf Tasche haben, nennen sich ›Garçonnes‹ und ›Flapper‹ und tragen Bubikopf. In dieser tanz- und amüsierwilligen Zeit lässt's sich gut untertauchen und studieren. »Eigentlich habe ich mir immer gewünscht: nur ein paar Augen sein, ungesehen durch die Welt gehen, nur die anderen sehen. Leider wurde man gesehen.« Mammen porträtiert auffällig oft junge Frauen. Sie entwirft sie nicht vordergründig erotisch auf eine körperliche Art, das Sexuelle wird vielmehr zwischen den Zeilen als Ahnung oder Aura vermutbar. Auf jeden Fall ist dies ihre besondere Könnerschaft. Die Frauen sind schön und selbstbewusst, meist wird ihnen ein eher unangenehmer Mann zur Seite gestellt. Mit ihren rasenden Auftritten revolutioniert die Dada-Tänzerin und Kabarettistin Valeska Gert das Frauenbild: Mammen malt sie in Öl. Die großen Malerkollegen jener Jahre sind George Grosz, Otto Dix, Rudolf Großmann, Karl Rössing, Max Beckmann oder Max Klinger – als eine der wenigen Frauen steht Jeanne Mammen auch hier ziemlich allein. Und das ist gut so. Mit ihren Werken aus jener Zeit trägt sie erheblich zu unserem Bild der 1920er-Jahre bei. Als geschulte Beobachterin porträtiert sie die Menschen auf der Straße und in zwielichtigen Etablissements, den Eldorados (Transvestitenlokale und Bordelle), Frauenbars und Tanzpalästen. Sie erhält gut bezahlte Aufträge – pro Werk gibt's schon mal das Monatssalär eines Angestellten – und fertigt Kinoplakate, Titelbilder und Grafiken für Illustrierte und Satirische Wochenschriften wie den *Simplicissimus, Ulk und Uhu, Der Junggeselle* und *Berliner Leben.* Der *Simplicissimus* wird Ende der 1920er-Jahre ihr Hauptauftraggeber, wochenweise schickt sie ein Paket mit Zeichnungen nach München.

Jeanne Mammen hat keine Kinder und auch keinen Lebensgefährten, aber gute und langjährige Freundschaften. Sie sucht sich ihre Wahlverwandten sorgfältig aus. Dabei ist sie spröde und verhalten, leicht macht sie es Anwärtern nicht. Doch wer erst einmal ihr Freund geworden ist, bleibt es ein Leben lang. Sie macht nicht viel Aufhebens um ihre Person, malt nur wenige Selbstporträts, die sie dann auch noch blass erscheinen lassen. Es gibt keine Tagebücher und nur wenige Briefe von ihr, um Lebensläufe für Ausstellungen mogelt sie sich herum. Und wenn es nicht anders geht, wird Mammen flapsig, und zwar ganz berlinerisch: »Das ist mein Lebenslauf – er fing mal an und hörte noch nicht auf.« Am liebsten bleibt sie unsichtbar, lieber Selbstverneinung als Selbstvermarktung, sie ist Meisterin des Verschwindens und Sich-Versteckens.

Die 1920er-Jahre bis zur Machtergreifung der Nationalsozialisten können als die realistische Periode Mammens bezeichnet werden. 1929 schreibt Kurt Tucholsky in der *Weltbühne*: »Die zarten duftigen Aquarelle, die Sie in Magazinen und Witzblättern veröffentlichen, überragen das undisziplinierte Geschmier der meisten Ihrer Zunftkollegen derart, dass man Ihnen eine kleine Liebeserklärung schuldig ist. Ihre Figuren fassen sich sauber an, sie sind anmutig und herb dabei, und sie springen mit Haut und Haaren aus dem Papier. In dem Delikatessenladen, den uns Ihre Brotherren wöchentlich oder monatlich aufsperren, sind Sie so ziemlich die einzige Delikatesse.« Nach dieser Ehrerbietung gilt es nun, die dunkle Nazizeit zu überstehen. Ihre Auftraggeber müssen alle aufgeben oder fliehen, und für die gleichgeschalteten Zeitungen will Jeanne Mammen nicht arbeiten. Der Kunsthändler Wolfgang Gurlitt, der 1930 in ihrer ersten Einzelausstellung in Berlin ihre Aquarelle und Grafiken gezeigt hatte, beauftragt sie mit einem Bilderzyklus zu Pierre Louys' *Lieder der Bilitis*. Doch als sie 1932 erscheinen sollen, vereitelt die neue Zeit das Vorhaben. Jeanne bewundert Picasso und verehrt James Ensor. Ihre Werke aus jener Zeit, in denen man das erkennt, kann sie niemandem zeigen, denn die Gefahr ist groß, wegen ›entarteter Kunst‹ denunziert zu werden. Mit der Zäsur der Weltwirtschaftskrise und dem heraufziehenden Faschismus in Europa haben die Aufbruchstimmung und die Lebenslust einen starken Dämpfer bekommen, mit einem Mal ist Schluss. Mammen malt weiter, doch sie muss es fürderhin im Verborgenen tun, sie wählt die innere Emigration: »von 33 bis 38 gestempelt«. Mit einem Bücherkarren steht sie in einer Seitenstraße des Kurfürstendamms und verkauft Aquarelle, Grafiken und Antiquarisches. Beschützt wird sie dabei von der *Lächelnden Berolina*, eine Drahtplastik, die ihr Künstlerfreund Hans Uhlmann vermacht hat. Wegen eines Flugblatts wird dieser 1933 von der Gestapo verhaftet, Jeanne besucht ihn regelmäßig in Tegel. Mimi verlässt Deutschland 1936, vorbei ist es mit dem unmittelbaren künstlerischen Austausch der Schwestern. Trotz oder gerade wegen ihrer prekären Lage besucht Jeanne einen privaten Zeichenkurs in der nahen Hardenbergstraße. »Der war um die Ecke. Ich hab mir überlegt: Du hast genug Pfeffer und gehst da hin. War eine ganz kleine Bude. Da habe ich mich krumm und lahm gezeichnet: vier Stunden am Tag.

Ich habe dort auch furchtbar viel Schüler gezeichnet – die merkten das gar nicht, die Sauerkrautbärte. Es war eine ganz freie Sache, war nett, gefiel mir sehr. Die Sitzung kostete fünfzig Pfennige; man konnte kommen und gehen, wann man wollte. Es ging durch, bis die Bomben kamen.« Die Zeit fasst sie lapidar so zusammen: »Zweiter Weltkrieg: keine Ölfarbe, keine Leinwand. Lebensmittelkarten, Zwangsarbeit, Bombenangriffe, Zwangsausbildung zum ›Feuerwehrmann‹: Brandwache schieben nach Entwarnung bis drei Uhr früh.« Die Brandwache hält sie am Kudamm 29, bei einem Feuersturm kann sie das Haus als eines der wenigen in der Umgebung retten.

Zwei Jahre nach dem Krieg zeigt sie in der Galerie Rosen erstmals Arbeiten aus jenen Jahren. Ihrem Freund und Förderer Max Delbrück, dem späteren Nobelpreisträger, schreibt sie: »Meine Bildchen sind noch alle da und vermehren sich, ich war den ganzen Krieg über erstaunlich fleißig, trotzdem alles ›schwarz‹ geschah und ich lange Zeit nicht wagen durfte, irgendjemand auch nur einen Blick in mein Atelier werfen zu lassen. Ich habe mich getarnt. Eine Frau als Gebrauchsgrafikerin: die malt Blümchen.« Auch weil das Material knapp ist, arbeitet Jeanne mit Bindfäden, Abfällen und Resten wie Draht und Kabeln, formt Relieffiguren und integriert sie in ihre Materialbilder. Aus Gips und Ton entstehen Skulpturen, Bonbonpapier wird auf Leinwand appliziert, sie gestaltet erneut Titelbilder.

1948, die Berlinblockade steht kurz bevor, stellt sie mit anderen Künstlern in der Stadt mit dem Viermächte-Status in der Gruppe »Zone 5« aus – Kunst als einzig freier Sektor. Für das Mitmach- und Improvisationskabarett »Die Badewanne« fertigt sie die Kostüme und Kulissen. Diese Nachkriegsjahre nennt die bald Sechzigjährige später ihre glücklichste Zeit. Ihr erstes Interview gibt sie ein Jahr vor ihrem Tod: »Nie was fragen wann, weil ich zeitlos lebe.« Über ihre Geburtsstadt äußert sich die Malerin: »Mit Berlin habe ich mich niemals versöhnt, ich finde es noch heute scheußlich. Wenn ich auf den Ku'damm gehe, muss ich kotzen.« Sie war damit womöglich berlinerischer, als ihr lieb gewesen sein konnte. Wenige Jahre vor ihrem Tod notiert sie: »Jaja, die Menschen machen sich immer ein verkehrtes Bild von mir, denn ich trage meine Bosheit tief im Paletot verborgen, da sitzt sie still und warm, bis ich ihr pfeife.«

Am 22. April 1976 stirbt Jeanne Mammen. Berlin hat 1999 einen Teil seiner typischen gemauerten S-Bahn-Bögen nach der großen Künstlerin benannt: den Jeanne-Mammen-Bogen unweit des Kurfürstendamms. Die gelebten Freundschaften haben Bestand weit über ihren Tod hinaus.

Um den Nachlass der Künstlerin in ihrem Wohnatelier zu erschließen, zu pflegen und ihr Werk im In- und Ausland bekannt zu machen, gründet der engste Freundeskreis wenige Monate nach ihrem Tod die Jeanne-Mammen-Gesellschaft.

Etwas Seltenes überhaupt
Gabriele Tergit (1894–1982)

»Dass ich mit den Gerichtsberichten angefangen habe, hat ja eigentlich damit zusammengehangen, dass man Gerichtsberichte gebraucht hat. Erfunden hat das ja der Sling, ohne dass der Sling sich hingesetzt hätte und aus einem Gerichtsbericht ein Kunstwerk gemacht, hätten wir alle nicht diesen Beruf ergriffen. Also ich glaube, dass immer über berühmte Prozesse berichtet worden ist. Der Unterschied ist nur, dass Sling entdeckt hat, und ich habe das auch noch in einem stärkeren Ausmaß entdeckt, dass das tägliche Leben, aus dem also Prozesse entstehen, sehr interessant ist, sehr viel zur sozialen Lage der Zeit sagt.«

Sling ist der Gerichtsreporter Paul Schlesinger und das Vorbild der Gerichtsreporterin Gabriele Tergit. Eigentlich heißt sie Elise Hirschmann, aber für eine junge Frau aus gutem Haus gehört es sich nicht, in einer Zeitung zu schreiben. Ihr *Nom de guerre* wird daher ein Anagramm des Wortes Gitter. Wie bei Sling haben Tergits Texte eine beseelte Leichtigkeit, obwohl es schwere Themen sind, die verhandelt werden. Ihre Schilderungen sind witzig und scharfzüngig, ihre Übertreibungen treffsicher und anschaulich, und ihr lebendiger sozialkritischer

Ton ist das Gegenstück zur gestelzten und schwer lesbaren Kanzleisprache ihrer Kollegen.

Das Schwierige an der Gerichtsberichterstattung ist es, die spannenden Geschichten tatsächlich zu begreifen. Die Realität der Strafjustiz deckt sich selten mit der Wirklichkeit, es gelten andere Gesetze und Maßstäbe der Wahrnehmung, der Einordnung und Bewertung und sogar der Worte – vor Gericht kann ein tatsächlich rotes Kraftfahrzeug blau sein. Ein Prozess gleicht einer Theatervorstellung. Alle Protagonisten haben sich verkleidet, kennen ihre Rolle und ihren Text, das Stück steht in groben Zügen in den Akten, das Ende ist zwar offen, aber absehbar. Der Gerichtsreporter muss vor allem wachsam sein, denn jedes Stück wird nur ein Mal aufgeführt. Tergit moniert die Aushöhlung von Rechtsnormen in der Weimarer Republik und die zunehmende Blindheit Justitias auf dem rechten Auge. In ihren Augen dürften manche Gerichtsprozesse gar nicht erst geführt werden; so ist es zum Beispiel der § 218, der aus Schicksalsschlägen kriminelles Verhalten macht.

Am 4. März 1894 in Berlin geboren, wächst Elise Hirschmann mit ihrem Bruder Ernst in dem Arbeiterviertel zwischen Jannowitzbrücke und Schlesischem Bahnhof auf, dem heutigen Friedrichshain.

»Bei meinen späteren Gerichtsberichten hat mir dann die Kenntnis des östlichen Berlins sehr geholfen. Also die Toiletten auf dem Hof oder die Toiletten auf dem Treppenabsatz, oder dass ich

Gabriele Tergit, Schriftstellerin und weibliche
Pionierin der Gerichtsreportage, ca. 1926

wusste, dass eben zehn Mietparteien nur einen Wasserhahn haben, der auf dem Korridor zu finden ist. Diese unwahrscheinlichen Verhältnisse, fünf Menschen, die in einem Zimmer schlafen, dann noch der Schlafbursche, all dies ist für mich nicht fremd gewesen, weil ich eben in der Gegend aufgewachsen bin. Ich habe mich nie als fremd oder anders empfunden.« Dabei ist ihre Familie vermögend, denn Vater Siegfried ist Gründer der Deutschen Kabelwerke in Boxhagen. Bis 1933 hat er im benachbarten Rummelsburg die ersten deutschen luftgekühlten dreirädrigen Automobile, die Cyklonetten, produziert, die durch den Film *Die Drei von der Tankstelle* (1930) bekannt wurden. Die Hirschmanns sind jüdischen Glaubens, Mutter Frieda Ullmann entstammt einer wohlhabenden Familie, deren Stammbaum sich bis zum Dreißigjährigen Krieg zurückverfolgen lässt. »Die Brüder meiner Mutter hatten sich aristokratisch assimiliert und ritten mit den Wittelsbachern.«

Im Backfischalter beginnt Tergit eine Ausbildung in der gerade erst gegründeten Sozialen Frauenschule von Alice Salomon in Schöneberg. Ausbildungsbegleitend arbeitet sie im Hort sowie bei der Lehrstellenvermittlung des Arbeitsamts. Doch auf Dauer möchte sie nicht in der Wohlfahrt tätig sein, sie möchte schreiben, kritische Geschichten aus dem Leben erzählen. Sie sucht Kontakt zum *Berliner Tageblatt* und erhält einen Auftrag. Ihre erste Veröffentlichung heißt *Frauendienstjahr und*

Berufsbildung. Elise ist neunzehn und hat mächtig Bammel. Wie viele junge Frauen, die unter Beobachtung stehen, fragt sie sich, ob sie gut genug ist, ob sie bestehen kann. »In der Nacht, bevor der Artikel erschien, bekam ich eine tödliche Angst, ich stand auf, zog mich an, aber schon beim Strumpfanziehen wurde mir klar, dass man keine Schnellpresse anhalten kann. Ich erkannte, dass ich zu wenig wusste, und fasste deshalb in dieser schrecklichen Nacht den Entschluss, mein Abitur zu machen und zu studieren. Als der Artikel erschien, sah ich, dass meine Angst völlig berechtigt war. Ein junges Mädchen aus guter Familie hatte nicht in Zeitungen zu schreiben. Ich begegnete allgemeiner Verachtung.« Da sie ihren richtigen Namen angibt, erfahren es bald Eltern, Bekannte, Freunde und Verwandte – und sind entsetzt. Auch der verantwortliche Redakteur ist ungehalten: »Wenn ich gewusst hätte, dass Sie so jung sind, hätte ich den Artikel nicht gebracht.«

Sie merkt, eine fundierte Bildung ist vonnöten; nicht nur für das Selbstbewusstsein. 1915 meldet sie sich in einer Abendschule an, besteht zum Ende des Ersten Weltkrieges das Abitur und studiert anschließend in München, Heidelberg und Frankfurt am Main Geschichte, Soziologie und Philosophie. Schon während des Studiums schreibt sie regelmäßig für das *Berliner Tageblatt*, den *Berliner Börsen-Courier*, später auch für die *Vossische Zeitung* und die *Weltbühne*, das Blatt von Kurt Tucholsky und Carl von Ossietzky. 1923 bietet ihr der Feuilletonchef des *Tageblatts* den Posten einer Gerichtsberichterstatterin an und organisiert sogleich einen Termin. »Ich ging in dem Gerichtsgebäude die Treppe zum Zuhörerraum hinauf, aber ich konnte mich nicht entschließen, die Tür zum Gerichtszimmer zu öffnen. Nach einer Weile stieg ich die Treppe wieder hinab. ›Dumm und lebensunfähig‹ nannte ich mich selber.« Nach ihrem Waterloo reist sie erst einmal nach Hiddensee in die Sommerfrische. Dort hat sie wieder Glück. »Ich traf zwei Referendare, denen ich erzählte, ich würde gerne einer Gerichtsverhandlung beiwohnen.« Sie verabreden sich vor dem Kriminalgericht in der Turmstraße, die junge Frau wird durch sämtliche Gerichtsschranken geführt. Erneut verlässt sie der Mut. »Hier saß ich allein in der vordersten Reihe des Zuhörerraums. Ich schrieb kein Wort mit, um nicht aufzufallen, und sandte meinen Bericht auf den ›Berliner Börsen-Courier‹ mit den im Kopf behaltenen Dialogen. Ich hatte noch nie einen Gerichtsbericht gelesen, ich sah auch nicht nach, ob er erschienen war. Aber ich ging weiter ins Gericht und schrieb.« Nach zwei Wochen erwähnt einer der Referendare ihre Artikel – alle waren veröffentlicht worden! Ihr Talent spricht sich rum, der Chefredakteur des *Tageblatts*, Theodor Wolff, engagiert sie als Pauschalistin. Monatlich muss sie neun Gerichtsreportagen abliefern, dafür erhält sie das fürstliche Gehalt von 500 Mark.

Tergit soll Sling Paroli bieten, so hat sich Wolff das gedacht. Es muss ein berauschendes Gefühl für die Dreißigjährige gewesen sein, wenn ein so berühmter Mann in der Zeitungshauptstadt Europas – täglich erscheinen knapp fünfzig Morgenzeitungen, einige Mittagszeitungen und etwa zwanzig Abendzeitungen – ihr einiges zutraut. Noch dazu ist sie die einzige Frau in diesem Metier.

Ihr geschätzter Kollege Rudolf Olden, der anfangs ihre Artikel redigiert, schreibt später über sie: »Etwas Seltenes ist die Tergit überhaupt.« 1925 promoviert Elise Hirschmann über den Demokraten Carl Vogt. Doch rückblickend kommen ihr Zweifel, ob die Mühe sich gelohnt hat. In einem Brief an Ludwig Marcuse vom 31.07.1963 bekennt sie: »... da ich erstens dann geheiratet habe und der Doktortitel ging auf meinen Mann über, und zweitens als Gabriele Tergit ein zweites Leben führte, also ganz überflüssigerweise an einem Doktor gearbeitet habe.«

Hier ein Beispiel dafür, was Theodor Wolff dazu bewogen haben mag, Vertrauen in die Tergit zu setzen. Unter dem Titel *Der leibhaftige Unfug vor Gericht* schrieb sie 1926: »Der grobe Unfug trägt sehr sittliche, dunkelgraue Baumwollstrümpfe, flachabsätzige schwarze Halbschuhe, einen dunklen braunen Mantel, der in einer hübsch geschwungenen Linie ein geziemendes Stück unter den Knien endet und am braunen Kaninchen die ortsüblichen Muffen um Hals und Hände besitzt. Dazu kommt einer der grünen Filztöpfe, die man jetzt Hut nennt. So angetan, steht der grobe Unfug vor der Anklagebank, sehr still und diskret, und wird mit ›Herr Mittler‹ angeredet. Und dann geschieht es, dass diese sympathische Frau den Mund auftut und dass ein hässliches tiefes Brummen ertönt, das einen erschaudern lässt, bis einem einfällt, dass ja Männer im Allgemeinen solche Stimmen ihr eigen nennen. Als das Brummen unter dem grünen Hut nicht aufhört, da weiß man plötzlich, was ein Unfug ist, man macht alle Empfindungen des Normalmenschen durch, man nimmt Anstoß, ein bisschen Ekel und ein bisschen Scheu vor diesem allem steigt auf, und man möchte aufstehen, hinausgehen, ›weil nicht sein kann, was nicht sein darf‹, aber dann bemerkt man, dass auch dies Brummen eines Menschen Stimme ist und lauscht.« Dieser Mensch wurde von einem Sittenpolizisten wegen groben Unfugs arrestiert. Sein Anwalt plädiert: »›Wenn Herr Mittler in dem ruhigen und diskreten Anzug einer bescheidenen Bürgerin sich bewegt und Würstchen isst, so kann das keinen Anstoß erregen. Ich bitte um Freispruch.‹ ›Aber südliche Friedrichstraße!‹, sagt der Staatsanwalt zweifelnd. Die drei Männer in mittleren Jahren, die über dieses Zwischenwesen zu befinden haben, verkünden den Freispruch. In Mädchenkleidung ruhig an einer Friedrichstraßenecke zu stehen und Würstchen zu essen, kann also nicht als grober Unfug gedeutet werden.« In ihrem Report *Wer schießt aus Liebe?* resümiert sie aus den Beobachtungen vieler Prozesse: »Die

Frau, die schießt, hasst. Der Mann, der schießt, liebt. Ein Beil oder ein Dolch lassen auf Wut oder Rohheit schließen, zum Revolver genügt Traurigkeit.«

1928 heiratet sie den Architekten Heinrich Reifenberg, das Paar bezieht im Siegmunds Hof 22 eine schöne Wohnung mit direktem Blick auf den S-Bahnhof Tiergarten, im selben Jahr wird ihr einziger Sohn Peter geboren. Neben ihren Reportagen wagt sie sich immer wieder auch an größere Projekte. Ihr literarisches Debüt *Käsebier erobert den Kurfürstendamm*, ein Lehrstück über die Mechanismen der Massenkultur, macht sie 1931 schlagartig berühmt. Der fiktive Neuköllner Volkssänger Käsebier wird durch geschickte Vermarktung ein Star, der schnell wieder verglüht. Tergit zeigt mit ihrem Roman praktisch, was der Soziologe Siegfried Kracauer gerade in seinem Essay *Das Ornament der Masse* theoretisch dargelegt hatte. Als besonnene Stimme in einer lauter werdenden Zeit ist Tergit zwar unter der Leserschaft liberaler Blätter beliebt, sie hat jedoch viele Feinde unter den Nationalsozialisten – Goebbels beschimpft sie als »miese Jüdin«. 1932 wohnt sie einem Prozess gegen Hitler bei, der wegen eines Pressevergehens vorgeladen war. »Ich habe vierzig Jahre lang über diesen Prozess nachgedacht ... Hitler und Goebbels saßen mir drei bis vier Meter gegenüber. Wenn ich einen Revolver besessen und sie erschossen hätte, hätte ich fünfzig Millionen Menschen vor einem frühzeitigen Tod gerettet.«

Am 4. März 1933 versuchen SA-Männer gegen fünf Uhr morgens ihre Wohnung zu stürmen, bewehrt mit einem Haftbefehl direkt vom Reichsminister Göring. »Ich hatte dauernd über Nazi-Prozesse berichtet und war also vor allem dem Sturm 33 ein Dorn im Auge, weil ich dessen Totschlagekünste mitgeteilt habe. Sie klingelten wie verrückt. Heinz schrie dem Mädchen zu: ›Nicht aufmachen!‹ Diesen zwei Worten verdanke ich wohl mein Leben.« Die Reifenbergs flüchten zunächst in die Tschechoslowakei, 1935 geht es weiter nach Tel Aviv. Heinz erhält zwar kleinere Bauaufträge, doch ihr bleibt nur die Arbeit an ihrem großen Roman *Effingers*, der Chronik einer jüdischen Berliner Familie über mehrere Generationen hinweg. Die Reifenbergs werden in Palästina nicht heimisch, sie vertragen das Klima nicht und als sie auch noch erkranken, steht der Entschluss fest: die Familie zieht 1938 nach London. Tergit kann nun wieder für verschiedene Zeitungen schreiben und an ihrem großen Werk weiterarbeiten. Vor ihrer Emigration nach Palästina hatte sie noch am Kongress des Internationalen PEN in Dubrovnik teilgenommen, der zur Abspaltung des deutschen PEN führte. In London kann sie weiter für den Autorenverband arbeiten. 1957 wird sie in das Ehrenamt des Sekretärs für deutschsprachige Autoren im Ausland gewählt; erst kurz vor ihrem Tod gibt sie es wieder ab. In der Nachkriegszeit nimmt Tergit Kontakt mit Alfred Döblin auf, veröffentlicht in seinem Blatt

Das Goldene Tor und auch eine Weile im Berliner *Tagesspiegel*. Sie schreibt Bücher über Betten und Blumen und 1951 erscheint in Hamburg endlich *Effingers*, allerdings ohne große Resonanz. Richtig Tritt fassen kann sie auch als Gerichtsreporterin nicht mehr, obwohl sie 1949 noch einmal über den Prozess gegen Veit Harlan berichtet, den Macher von *Jud Süss*: »Wenn es je eine dramatische Gerichtsverhandlung gab, dann diese gegen Harlan.«

Wenige Jahre vor ihrem Tod wird Dr. Gabriele Tergit wiederentdeckt, ihre Romane erscheinen noch einmal, eine Neuauflage der »Gerichtsquatschereien« widerstrebt ihr – erst 1999 werden sie wieder aufgelegt. Am 25. Juli 1982 stirbt sie im Alter von achtundachtzig Jahren. Unweit ihres Geburtsortes liegt heute der Siegfried-Hirschmann-Park, und beim Potsdamer Platz verläuft die Gabriele-Tergit-Promenade. In der Fasanenstraße steht das Gabriele Tergit Haus, Studenten finden hier Wohnraum auf Zeit. Das Haus ist in Verbindung mit dem Moses-Mendelssohn-Zentrum entstanden, das den Nachlass von Gabriele Tergit verwaltet. So hat sie schließlich doch noch ihren Weg zurück nach Berlin gefunden.

»Babel der Welt«
Anita Berber (1899–1928)

Ein berühmtes Bild von Otto Dix aus dem Jahr 1925 zeigt eine dünne rothaarige Frau in einem hochge-schlossenen, langen roten Kleid vor einem roten Hintergrund. Der fallende Stoff wirkt durchsich-tig, er umhüllt zarte Nacktheit, man erkennt den Bauchnabel und die Brustspitzen des Modells. Das Gesicht der Frau, weiß geschminkt, gleicht einer Maske, die Augen, tiefschwarz umrahmt, einem alt-ägyptischen Porträt, und der Mund, mit Lippenstift blutrot ins kreidige Antlitz gesetzt, einer Wunde. Der vorwiegende Rotton auf diesem Gemälde ist eine schreiende Feuermelder-Farbe. Modell für das Werk stand das damalige Berliner Stadtgespräch, die Tänzerin Anita Berber. Auf dem Bild sieht sie aus wie fünfzig, sie war aber erst sechsundzwan-zig. Bei genauerem Hinsehen entdeckt man, dass es ein zerstörter junger Körper ist, der hier dar-gestellt wird, kein gealterter. Und man stellt sich dieselbe Frage, die damals auch Otto Dix bewegt haben mag: Was hat diese schöne schlanke Frau so früh zu einem solchen Wrack gemacht? Sie war ja nicht einfach nur krank. Sie war von ihrer Zeit und ihrem Beruf geprägt: Das Leben als Tänzerin im Berliner Underground, während des Ersten

»Tänze der Erotik und Ekstase«:
Anita Berber 1925, bereits vom Leben gezeichnet
Gemälde von Otto Dix

Weltkrieges und danach, das setzte, wenn man es so ernst nahm wie Anita Berber, eine gehörige Portion Selbstzerstörungskräfte frei.

An der Wende vom 19. zum 20. Jahrhundert brachen in Europa alle Künste mit alten Regeln: sie sprengten den überlieferten Formenkanon. Die abstrakte Malerei kam auf, die Zwölfton-Musik, das Bauhaus, der Expressionismus. Überall waren es Männer, die diese Revolutionen durchsetzten, nur hie und da machte mal eine Frau mit. Einzig in der Tanzkunst war die Avantgarde fast durchgängig weiblich. Zur Ablösung des klassischen Balletts durch den »freien Tanz« und den Ausdruckstanz traten großartige Solistinnen an, die manches unterschied, eines aber einte: Sie wollten nichts mehr zu tun haben mit Spitzentanz, Tütü und süßlicher Weiblichkeit, sie wollten das ganz Andere und zeigen, dass der tanzende Mensch, allemal der weibliche, kraftvoll, wild, bizarr und bedrohlich sein kann. Dieser spektakuläre Wandel – den die konservative Kulturkritik als »Verlust der Schönheit« bedauerte – wurde fast ausschließlich von Frauen angestoßen und gestaltet. Die Pionierinnen bewiesen Mut, Beharrlichkeit, Fantasie und Kampfeslust. Zu den Schauplätzen gehörten die Metropolen der Welt, Berlin und Wien nahmen herausragende Stellungen ein. Und in Berlin war es Anita Berber, die für die größten Skandale sorgte – wobei man bedenken sollte, dass seinerzeit der Skandal als solcher den Rang eines künstlerischen Ereignisses besaß.

Anita kam am 10. Juni 1899 in Leipzig zur Welt, ihr Vater war ein erfolgreicher Geigenvirtuose, die Mutter ein Kabarettstar, sie sang und tanzte. Die Eheleute stritten ununterbrochen, sie gingen auseinander, als die Tochter drei Jahre alt war, und gaben die Kleine zur Großmutter nach Dresden. Dort wuchs Anita behütet auf, besuchte eine Schule für ›höhere Töchter‹ und Tanzkurse am Reform-Institut in Dresden-Hellerau, wo Grethe Wiesenthal und Mary Wigman den modernen Ausdruckstanz begründeten. Ein Pfarrer der Lukaskirche, der Anita Konfirmandenunterricht erteilte, erinnert sich so an sie: »Sie stellte Fragen, die bei ihrem jugendlichen Alter überraschten. Von ihren Mitschülerinnen wurde sie bewundert, wohl auch beneidet wegen ihres schönen Gesichts, ihrer graziösen Gestalt, ihrer frühen Reife und ihres ganzen freien Benehmens. Ich war überzeugt, dass Anita ein Kind mit genialer Begabung, warm fühlendem Herzen, aber auch mit großer Gefährdung war.«

Als der Krieg beginnt, zieht die Großmutter nach Berlin und nimmt Anita mit, auch die Mutter, Lucie Berber, kommt hinzu – sie hat ein Engagement im *Chat noir*. Zwei kinderlose Tanten komplettieren den Frauenhaushalt in der Zähringer Straße. Anita schaut sich in der Stadt um. Sie ist jetzt sechzehn Jahre alt und erklärt sich für erwachsen. Heimlich nimmt sie Unterricht bei Rita Sacchetto, einer avantgardistischen Tänzerin, 1916 tritt sie mit der Sacchetto-Truppe erstmals öffentlich auf. Anitas

Talent überzeugt, aber mit ihrer Lehrerin versteht sie sich am Ende nicht mehr, sie verlässt die Schule und die Compagnie. Bald erhält sie ein erstes eigenes Engagement am Berliner Apollo-Theater. In der *Eleganten* Welt liest man diese Rezension ihres Auftritts: »Von aller Süßlichkeit weit entfernt wirkt Anita Berber immer ein wenig knabenhaft, und man möchte ihr wünschen, dass es ihr gelänge, sich diese herbe Schlankheit der Erscheinung und vor allem der Empfindung zu erhalten«. Es folgt ein Engagement im *Wintergarten*. Berlin wird aufmerksam auf eine junge Künstlerin, die tanzt, als wollte sie sich selbst über unbekannte Grenzen hinauswerfen.

Das Leben in der Zähringer Straße ist nicht mehr nach Anitas Geschmack. Sie will weg. Und sieht keinen anderen Ausweg als den für junge Mädchen seinerzeit einzig gängigen: sie beschließt zu heiraten. Mittlerweile hat sie eine ganze Menge Verehrer. Sie sucht sich den hübschesten aus: Eberhard von Nathusius, Ex-Soldat und Antiquitätenhändler mit Titel und Vermögen. 1919 ist die Hochzeit, drei Jahre später kommt es zur Scheidung – im beiderseitigen Einvernehmen. Anita ist nun frei für die Tanzkunst und für ihr Publikum: die Berliner Enthusiasten der Avantgarde und des Nachtlebens.

Anitas Ehrgeiz als Tänzerin war stets verbunden mit dem Bedürfnis, sich auf der Bühne nicht anders zu geben als im Leben und als Privatperson den Gestalten, die sie auf der Bühne kreierte, zu entsprechen. Es interessierte sie nicht, hübsch und gelenkig und womöglich im Corps de Ballett den Rhythmus zu halten; sie war die geborene Solistin und als solche wollte sie dem Publikum vor Augen führen, dass Menschen keineswegs von Vernunft gesteuert, sondern dass sie Triebwesen sind, dass die erotische Leidenschaft sie zu überwältigen vermag und dass Sex, weit entfernt davon, einfach nur Spaß zu bereiten, eine zutiefst zerstörerische Seite hat. Nathusius war ihr wichtig gewesen, um von zu Hause weg zu kommen und ihren eigenen Lebensweg einzuschlagen, mehr hatte er ihr nicht bedeutet. Der nächste Mann in ihrem Leben gehörte auch zu ihrer Kunst. Er hieß Sebastian Droste und war ein schwuler Tänzer, mit ihm entwickelte Anita einen provokanten, exhibitionistischen neuen Paartanzstil. Die beiden traten nackt auf. Stefan Zweig beschrieb Anita Berbers Publikum so: »Berlin verwandelte sich in das Babel der Welt. Bars, Rummelplätze und Schnapsbuden schossen auf wie Pilze. Den Kurfürstendamm entlang promenierten geschminkte Jungen und nicht nur Professionelle; jeder Gymnasiast wollte sich etwas verdienen, und in den verdunkelten Bars sah man Staatssekretäre und hohe Finanzleute betrunkene Matrosen zärtlich hofieren. Selbst das Rom des Sueton hat keine solchen Orgien gekannt wie die Berliner Transvestitenbälle, wo Hunderte von Männern in Frauenkleidern und Frauen in Männerkleidung unter den wohlwollenden Augen der Polizei tanzten. Eine Art von Irrsinn ergriff in dem Sturz aller Werte gerade die bürgerlichen, in

ihrer Ordnung bisher unerschütterlichen Kreise.«
Mit dem Krieg war auch die Stabilität der alten
Moral verloren gegangen. Unter all den Dilettanten,
die das Ende der Schlachten und den Aufbruch
in die Republik wild feierten, waren Berber und
Droste zwei ausgebuffte Profis, die beim Tabubruch
den Ton und den Takt vorgaben. Sie wurden verehrt
und verabscheut, sie lebten in der Halbwelt. Der
Konsum von Kokain und sehr viel Brandy gehörten
dazu. Es folgt die Ära der Inflation, und eine allgemeine Orientierungslosigkeit und tiefe Verlustangst
begünstigen Regelbruch und Rausch.

Droste wird Berbers zweiter Ehemann. Das gemeinsame Programm heißt *Tänze des Lasters,
des Grauens und der Ekstase*, die Premiere findet in Wien statt. Die berühmte Fotografin Dora
Kallmus, genannt Madame d'Ora, lichtet die beiden Stars ab, die aufblühende Filmwirtschaft bietet ihnen Chancen. Aber es gibt auch noch die sogenannten anständigen Leute, die Zensur und die
Sittenpolizei. Es hagelt Anzeigen wegen »Verletzung
des Schamgefühls in unerhörter Weise«, auch für
die Betreiber von Theatern und Clubs, in denen
das Skandal-Paar auftritt. Wegen »vollständiger
Hüllenlosigkeit« der Künstler sollen gewisse Szenen
entfallen. Aber Berber und Droste schließen keine
Kompromisse. Die Polizei schreitet ein, sie begibt
sich auf die Bühne der Wiener Kammerspiele und
bricht die Vorstellung ab. Erst wird Droste ausgewiesen, dann Berber abgeschoben. Publikum und

Presse, zeitweilig entzückt von den *Tänzen des Lasters*, zeigen jetzt, dass es ihnen zu viel wird. In Budapest treffen Anita und Sebastian wieder zusammen und gehen von da aus auf Tournee nach Jugoslawien und Italien. Aber die Verausgabung, die als Signatur ihrer Kunst gelten darf, kann nicht auf Dauer gestellt werden. Anita ist erschöpft und wird krank, sie schlägt sich mit ihrem Mann. Der stiehlt ihren Schmuck und setzt sich ab nach Amerika. Es ist zu Ende mit den beiden.

Berlin aber hält zu Anita Berber, hier hat sie jede Menge Fans und Freundinnen. Sie lernt Magnus Hirschfeld kennen und trifft sich mit Klaus Mann. In der lesbischen Szene ist sie ein gern gesehener Gast, etwa in dem Frauenlokal von Susi Wanowsky, mit der sie eine Liebesbeziehung beginnt. Gemeinsam mischen die beiden den »Lotterie-Verein« auf, einen Lesben-Club, in dem auch die populäre Claire Waldoff verkehrt. Waldoff nennt Berber »hinreißend«, sie trägt gern mal Hosen wie diese. Anitas Kostüme und Outfits werden vielfach kopiert, die Demi-Monde verehrt die Exzentrikerin mit ungebrochener Begeisterung, man trägt sich »à la Berber«. Nicht Marlene Dietrich war die erste Frau im Smoking, sondern Anita. Und immer wieder steht sie vor der Kamera, als Model und als tanzende Schauspielerin in Werken des Stummfilms. Sie wurde zu dem, was man heute eine Stilikone nennt. Die Künstlerin Charlotte Berend, die Anita im »Café Größenwahn« alias *Café des Westens* erlebte, schrieb über sie: »Obwohl sie letztlich persönlichen Schaden nahm, indem sie sich derart extrem und avantgardistisch in tabuisierte Bereiche der Gesellschaft vorwagte, eröffnete sie indirekt den Blick auf freiheitliche Lebens- und Liebesformen: ein weiblicher Anarchismus.«

1923 macht ein neues männliches Tanzgenie in Berlin von sich reden: im Blüthner-Saal tritt Henri Hofmann auf. Er kommt aus Amerika und tanzt zur Musik der klassischen Moderne: Ravel, Bartok, Strawinsky. Sein sensibler tänzerischer Ausdruck besticht das Publikum, auch Anita ist beeindruckt – sie muss Henri kennenlernen. Das gelingt ihr. Und er ist hin und weg von ihr. Ein knappes Jahr nach der ersten Begegnung wird geheiratet. Und wie stets verbindet Anita Beruf und Leben: Sie tritt mit Henri gemeinsam auf, sie performen ihre expressiven *Tänze der Erotik und Ekstase*. Aus einer Rezension: »Der Mann und die Frau stürzen gegeneinander mit einem furchtbaren Bewegungsschrei. Ihre Beine, Arme, Rümpfe verflechten sich ineinander. Der Verstand und das Gefühl sind verschwunden. Geblieben sind die Sinne, aufgewühlte Sinne …« Anita war jetzt auf der Höhe ihres Könnens, und ihr Partner im Leben wie auf der Tanzfläche ähnlich ausdrucksstark wie sie. Das Paar wird immer wieder gebucht, geht auf Tournee nach Stockholm und Amsterdam, erzielt ansehnliche Gagen. Aber ein skandalfreies Leben ist für Berber auch an Henris Seite nicht möglich. Sie kommt vom Alkohol und vom Kokain nicht los, und ihre Umgangsformen verändern sich durch den dauernden Abusus ebenso wie ihre Muskeln und Nerven: ihre Konzentration lässt nach, sie verpasst schon mal ihren Einsatz, und wenn jemand aus dem Publikum einen Zwischenruf wagt, springt sie an die Rampe und brüllt zurück. Sie greift auch gern nach einer Sektflasche, um damit zuzuschlagen. Die Disziplin, die eine Tänzerin braucht, die Zuneigung zum Publikum, die ein Star braucht, kommen ihr abhanden. Sie gerät ins Abseits. Als Otto Dix sie 1925 malt, weiß er nicht, dass sie nur noch drei Jahre zu leben hat. Aber er malt sie schon als eine Sterbende.

1927 geht Anita mit Henri noch einmal auf Tournee, Ziel ist der nahe Osten. Das Paar tritt auf kleinen Bühnen in Athen, Kairo und Bagdad auf. In Damaskus bricht Anita bei ihrem *Tanz in Weiß* auf der Bühne zusammen. Ihre Kräfte haben sie vollständig verlassen. Henri musste sie ins Bett tragen. Die Diagnose heißt: Tbc. Es dauert viele Wochen, bis das Ehepaar wieder in Berlin ankommt, Anita erholt sich nicht mehr. Am 10. November 1928 stirbt sie im Kreuzberger Bethanien-Krankenhaus, der Trauerzug spiegelt die Extreme, an denen ihr Leben stattfand: Namhafte Filmregisseure schreiten neben Straßenhuren einher, Größen des Showbiz und der Mode neben Junkies. Anita Berber wird auf dem Friedhof St. Thomas in Neukölln begraben. Seit dieser aufgelassen wurde, gibt es dort eine Grünanlage mit dem Namen Anita-Berber-Park.

Helene Weigel in der Rolle ihres Lebens
als »Mutter Courage«, 1950er-Jahre

Dialektisch gewandt
Helene Weigel (1900–1971)

Frauen an der Seite großer Künstler schaffen es selten, aus deren Schatten ans Licht zu treten. Oft bleiben sie für immer im Hintergrund. Die Schauspielerin und Prinzipalin Helene Weigel war zu Lebzeiten des Dramatikers Bertolt Brechts die Frau an seiner Seite, nach dessen Tod war sie die Witwe Brechts, die sein künstlerisches Erbe verwaltete. Das tat sie vehement und rigoros, sie nahm diese Rolle an. Doch aus dem Hintergrund heraus zeigte sie, was in ihr steckte.

Helene Weigl wird am 12. Mai 1900 in Wien geboren. Sie ist die einzige Tochter von Siegfried Weigl, Prokurist des Textilunternehmens »Hermann Pollack's Söhne«, und Leopoldine Pollak. Die begüterte Familie ist jüdischen Glaubens. Großen Einfluss auf Helene hat die Reformpädagogin Eugenie Schwarzwald, die 1900 als eine der ersten Frauen Österreichs zum Dr. phil. promoviert wurde – an der Universität Zürich, der damals einzigen Hochschule im deutschsprachigen Raum, die Frauen zum regulären Studium zuließ. Helenes Mädchenrealgymnasium bot Frauen erstmals die Gelegenheit, die Reifeprüfung abzulegen. Doktor Schwarzwald vermittelte den jungen

Frauen hauswirtschaftliche Fachkenntnisse und emanzipatorisches Gedankengut. Der Geist ihrer Schule war liberal, auch im sexuellen Sinn, womöglich trug er zu Helenes Toleranz gegenüber Brechts Affären bei. Auf jeden Fall bewiesen ihre Eltern einen fortschrittlichen Geist und viel Mut, dass sie ihre Tochter auf diese außergewöhnliche Bildungsstätte schickten. Dennoch oder gerade deswegen geht Helene achtzehnjährig von der Schule ab, sie will unbedingt auf die Bühne. Insbesondere die Bibellesungen der Schauspielerin Lia Rosen bestärken sie darin.

In Wien absolviert Helene eine Schauspielausbildung, nach einigen Gastspielen in Frankfurt geht sie 1918 nach Berlin zu Leopold Jessner ans Staatstheater und zu den Reinhardt-Bühnen, wo sie auch Dramaturgie studiert. Sie tritt aus der jüdischen Gemeinde aus und nennt sich fortan Weigel. Helene Weigel und Bertolt Brecht lernen sich 1923 in Berlin kennen, im Jahr darauf kommt Sohn Stefan zur Welt. Der verheiratete Brecht ist häufig in Helenes Bleibe in der Spichernstraße 16 zu Gast. Nach Brechts Scheidung von Marianne Zoff heiraten er und Weigel 1929. Für Brecht ist Helli, wie sie von vielen genannt wird, die Mutter seiner Kinder, die Frau, die den Haushalt zusammenhält und das Rückgrat der Familie bildet. Und in gewisser Hinsicht ist sie auch ihm eine Mutter, das räumt er gelassen ein. In einem bedeutenden Teil seiner Werke steht eine Mutterfigur im Mittelpunkt.

Seine Frauengestalten hat Brecht gern an Helene Weigels Charakter angelehnt, teilweise hat er ihr die Rollen auf den Leib geschrieben. Alfred Kerr bemerkt über ihren Part in Brechts Lustspiel *Mann ist Mann*: »Frau Weigel, Marketenderin, tut sich hervor: durch einen festen Dauerschrei; straffes Gegell; Peitschenton; Schenkelprofil; Prallsprung. Wacker.« Tochter Barbara, 1930 geboren, beschreibt ihre Mutter so: »Sie war – ein scheußliches deutsches Wort – herzensgut. Das war Helli. Auch ihre Haltung zu anderen Leuten, auch ihre Haltung zu Brecht.« Beide Kinder tragen den Nachnamen Brecht, darauf legt ihre Mutter großen Wert.

Weigel und Brecht sind Theatermenschen, und sie leben und arbeiten im künstlerisch experimentierfreudigen Berlin. Aus dieser Perspektive blicken sie auf Literatur und politisches Leben, es ist ihnen Material für die Bühnen des Staatstheaters und des Deutschen Theaters. Helene Weigel hat eine kräftige Stimme, sie geht nicht einfach nur, sie schreitet anmutig, aufrecht und leicht, auch wenn sie nicht auf der Bühne steht. Das beeindruckt Männer wie Frauen, und Brecht findet das auch ziemlich erotisch. Er nennt es ihren »Million Dollar Gang« und empfiehlt ihr in Form eines Gedichts einen langen weiten Rock zu tragen, damit diese Bewegung gut zur Geltung komme:

Und wähl den bäuerlichen weiten Rock
Bei dem ich listig auf die Länge dränge:

Ihn aufzuheben in der ganzen Länge
An Schenkeln hoch und Hintern, gibt
                              den Schock.

Doch sind es nicht nur niedere Gelüste
Die mich nach solchem Rocke schreien lassen:
Du gehst darin schön wie einst durch
                              Kolchis Gassen
Medea, als den Korb sie meerwärts trug. –

Allerdings empfiehlt er dieses Kleidungsstück auch
all seinen anderen Frauen, die er liebt und begehrt.
Die Nebenfrauen Brechts sind ein Dauerthema in
ihrer Ehe. Teilweise werden die Geliebten in den
Haushalt integriert, teilweise bleibt Brecht diskret,
zumindest den Kindern gegenüber. Unter Künstlern,
Intellektuellen, der Boheme war es in den 1920er-Jah-
ren und auch sonst nicht unüblich, Besitzansprüche
abzulegen und Dreiecksverhältnisse auszuprobie-
ren. Aber natürlich hat sich der eine oder die andere
mit den dabei aufkommenden Gefühlen schwer getan. Mal kann Helene es ganz gut ab, die Dritte im
Bunde zu sein, dann wieder ist sie nahe dran, alles
aufzugeben. Ihre Ehe bleibt kompliziert, ein Leben
lang. Neben der erotischen Anziehung gibt es jedoch
auch noch die Arbeit, das Theater, und die gemeinsame »dritte Sache«, wie sie es nennen, das politische Wirken in der Arbeiterbewegung. Brecht: »Die
dritte Sache ist der Sozialismus. Keiner schuldet kei-
nem etwas, jeder schuldet alles der dritten Sache.«

In der MASCH, der Marxistischen Arbeiterschule, wo auch Hanns Eisler, Erwin Piscator und John Heartfield unterrichten, gibt Helene Kurse in Sprechtechnik. In der »Hochschule der Werktätigen« soll Bildung für Arbeitslose – im Deutschen Reich gibt es inzwischen sechs Millionen davon – erschwinglich sein. Ein Teilnehmer erinnert sich: »Da ging es nicht um das Bezahlen, sondern um die Übertragung des Wissens.« Sprechübungen, Artikulation, Gesang und Vokalisieren stehen auf dem Stundenplan, und auch Agitation und Propaganda. Weigel lädt befreundete Mitmacher in ihre Wohnung und bekocht sie. Das macht sie gern und gut. Auch ihre Schüler stehen 1930 bei der Uraufführung des Lehrstücks *Die Maßnahme* in einer Nachtvorstellung auf der Bühne der Berliner Philharmonie. Die meisten Rezensenten sind von der Qualität der Laiendarsteller beeindruckt: »Erschütternd und hinreißend ist die von Arbeiterchören getragene Aufführung. Wochenlang haben die Männer und Frauen ihre Abendstunden der Vorbereitung des Werkes geopfert.«

In *Die Mutter*, 1932 uraufgeführt, spielt Weigel die Revolutionärin Wlassowa. Sie legt Wärme und Freundlichkeit in diese Rolle. Theatermensch Herbert Ihering beschreibt, wie Weigel gleichwohl den ›epischen Stil‹, den Brecht einfordert, beherrscht: »Sie war dialektisch gewandt, geistig überlegen und niemals doktrinär. Im Gegenteil: sie war spielerisch gelöster als jemals. Empfindung ging eine geistige Melodie ein. Dialektik wurde gestisch gelöst. Das war nicht nur meisterhaft, es zeigte auch, dass gewisse schauspielerische Begabungen in diesem Stil erst frei werden.«

Die Repressalien nach der Machtergreifung der Nationalsozialisten nehmen bedrohliche Ausmaße an. Ein Tag nach dem Reichstagsbrand flüchtet die Familie über die Exilstationen Prag, Wien, Zürich, Paris und Skandinavien in die Vereinigten Staaten. In den fünfzehn Jahren des Exils betritt Weigel nur selten eine Bühne. In Paris spielt sie mal die Judith in *Die Jüdische Frau*, in Schweden ist sie die stumme Kattrin in *Mutter Courage*, und in den USA übernimmt sie eine kleine und ebenfalls stumme Rolle neben Spencer Tracy in der Verfilmung von Anna Seghers' *Das 7. Kreuz*. Ansonsten besteht ihre Sorge darin, »dass Brecht ein Zimmer hat, in dem er ungestört arbeiten kann und dass die Kinder ohne Furcht aufwachsen können.«

Nach den bitteren und demütigenden Erfahrungen Brechts beim Verhör vor dem »Komitee für unamerikanische Umtriebe« kehrt die Familie 1948 nach Europa zurück, Sohn Stefan allerdings verbleibt in New York. Er wird Philosophie studieren und sich wie seine Eltern mit dem Theater beschäftigen. Mutter Weigel ist bei der Abreise so angespannt, dass Tochter Barbara die einzige Ohrfeige ihres Lebens bekommt. Bert Brecht brennt darauf, seine neuen Stücke zu inszenieren und endlich wieder Helene auf der Bühne zu sehen. Sein »episches

Theater« will große gesellschaftliche Konflikte nachvollziehbar machen und die Zuschauer zu einer Bewusstseinsveränderung anregen. Erreicht wird das kraft des Verfremdungseffekts: Das dramatische Geschehen auf der Bühne wird durch Kommentare oder Lieder so unterbrochen, dass beim Zuschauer keine Illusion entstehen kann, er bleibt kritisch distanziert, nimmt rationaler wahr. So kann Vertrautes neu gesehen, Widersprüche können sichtbar gemacht werden. Helene beherrscht diesen darstellerischen Stil wie nur wenige andere.

Im schweizerischen Chur wird Brechts Version der Sophokleischen Antigone uraufgeführt. Züricher Zeitungen schreiben: »In der epischen Stilisierung darf die Inszenierung als wegweisend gelten. Helene Weigel als Antigone: Schlicht, menschlich, mit fast trockener Diktion machte sie die Antigone zu einer leidvollen, doch auch heroischen und würdevollen Frau. Von Helene Weigel ging die geistige Spannung aus, die als conditio sine qua non für diese Spielform gilt.« Weigel hatte als Schauspielerin lange pausiert. Sie musste fürchten, aus der Übung gekommen zu sein. Jetzt erlebt sie sich auf der Bühne so: »Ich habe verstanden, dass nichts, wenn man es nur will, verloren ist, auch nicht in diesem Beruf, dass man wieder von vorne beginnen kann, wenn man Vertrauen in das eigene Talent hat, in das, was man machen will und zu sagen hat.« Zurück in Berlin gründet das Paar Brecht/Weigel 1949 im Ostsektor das »Berliner Ensemble«, zunächst als Gastspiel im

Deutschen Theater und ab 1954 dann im eigenen Haus, dem Theater am Schiffbauerdamm. Helene Weigel übernimmt die Leitung des BE, Brecht wird Künstlerischer Direktor. Im selben Jahr findet die Premiere der *Mutter Courage und ihre Kinder* statt, Weigel spielt die Rolle ihres Lebens. Brecht hatte verfügt, dass das Stück nur mit ihr in der Hauptrolle aufgeführt werden dürfe. Schriftstellerin Anna Seghers: »Man könnte sagen, die Weigel spielt, als hätte sie keine Zuschauer. Sie zieht ihren Karren als Mutter Courage über das öde Feld. Sie spielt nicht nur, sie ist völlig allein. Die Zuschauer packt das Entsetzen vor dem Krieg, als erlebten sie ihn zum ersten Male.«

Weigel machte das Berliner Ensemble zu einem einzigartigen Ort in der Nachkriegszeit. Die Theaterkritikerin Hilde Spiel schreibt: »Die Kulisse hat das Leben ersetzt. Hier allein wird noch getrunken und gespeist, sorglos geliebt und grundlos gestorben, einherstolziert, geträllert, charmiert, gelacht.« Der sozialistische Staat verleiht Weigel mehrmals den Nationalpreis, verschiedene Verdienstorden und einen Professorentitel. Sie ist Gründungsmitglied der Akademie der Künste der DDR. Nach Brechts Tod 1956 wird sie zur Gralshüterin der Brecht-Inszenierungen, Kritiker nennen sie allzu werktreu, ja dogmatisch. Sie lässt es sich nicht verdrießen und genießt ihr Leben. Wie Brecht hatte auch Weigel ein Faible für Automobile. Als Witwe dann gönnt sie sich mal was und kauft sich einen schnittigen

Ponton-Mercedes mit glatten Seitenteilen ohne aufgesetzte Kotflügel und Trittbrett. In beiden Teilen Deutschlands ist so ein Fahrzeug ein ausgesprochen luxuriöses Gebrauchsobjekt. Das Ziel des Sozialismus, so dachte sie, ist schließlich ein gutes Leben.

Am 6. Mai 1971 ist die große Schauspielerin und Theaterleiterin gestorben. Begraben wurde sie neben ihrem Mann auf dem Berliner Dorotheenstädtischen Friedhof. Sie hat einen eigenen Grabstein, der allerdings etwas kleiner ist als der des Dichters. In Berlin-Marzahn gibt es seit 1978 den zentral gelegenen Helene-Weigel-Platz, Anwohner nennen ihn kurz den ›Helli‹. Das prächtige neobarocke Theater am Schiffbauerdamm, Baujahr 1892, steht am Bertolt-Brecht-Platz. Warum heißt er eigentlich nicht Brecht-Weigel-Platz? 1952 hatte sich das Künstlerpaar am Schermützelsee in Buckow ein Haus gekauft, um hier die jährliche Sommerfrische zu genießen. Dieses Anwesen in der Märkischen Schweiz immerhin, seit 1977 eine Gedenkstätte, heißt Brecht-Weigel-Haus.

»Ich bin zu Tode fotografiert worden.«
Marlene Dietrich in »Marocco«, 1930

Gott sei Dank Berlinerin!
Marlene Dietrich (1901–1992)

Die Stadt Berlin verabschiedete sich einst von den »Goldenen Zwanzigerjahren« mit einem Filmwerk der Extraklasse: *Der Blaue Engel*, produziert von der Ufa und gedreht in den Babelsberger Studios, entstand 1929, seine Wirkung und seine Aura trugen den Ruf der deutschen Filmkunst in alle Welt. Der Stoff geht zurück auf einen Roman von Heinrich Mann, den der Film sehr frei bearbeitet: ein pedantischer ältlicher Schullehrer namens Rath, von seinen Schülern ›Professor Unrat‹ genannt, verfällt der Varieté-Sängerin Lola Lola und geht an seiner Liebe zugrunde. Den Professor spielte der seinerzeit höchst populäre Emil Jannings, die Lola eine Frau, die noch unbekannt war. Regisseur Josef von Sternberg setzte sie gegen einige andere, sehr viel besser eingeführte Bewerberinnen durch. Ihr Name war Marlene Dietrich. Die Achtundzwanzigjährige hatte schon auf der Bühne gestanden und kleinere bis mittlere Rollen in einigen Filmen gespielt, aber außerhalb Berlins kannte sie kaum jemand.

Der Tonfilm war gerade erst zur Welt gekommen. Viele Karrieren im Filmbusiness knickten daraufhin ein, weil Schauspieler und Sängerinnen jetzt Stimme brauchten. Für Marlene Dietrich war der

Tonfilm ein Glück. Sie hatte schon auf der Bühne hin und wieder gesungen, jetzt konnte sie ihre dunkle, brüchige Stimme als Lola voll zur Geltung bringen. Aber es war nicht nur ihr Gesang, ihre Art »Ich bin von Kopf bis Fuß auf Liebe eingestellt« zu hauchen und dabei Bein zu zeigen, es war nicht nur ihre Schönheit – nein, es waren ihre Klarheit, ihre Selbstsicherheit und ihr Freimut, die der kleinen Lola Lola diese Tiefenwirkung verliehen und dem Film seinen spektakulären Erfolg sicherte. Dietrich war auf eine Weise lasziv, frech und cool und das alles auch noch in einer spielerisch-ironischen Art, dass mit ihr ein völlig neuer Typ Weiblichkeit auf die Leinwand gelangt war. Die *femme fatale*, die die Männer um den Verstand bringt, war ab jetzt nicht mehr bloß ein gerissenes Luder oder ein Naturereignis, sondern eine Persönlichkeit. Und sie war ausgesprochen berlinerisch.

Marie Magdalene Dietrich wurde am 27. Dezember 1901 auf der ›Roten Insel‹ in Berlin-Schöneberg geboren; sie hatte eine ältere Schwester, der Vater war Polizeioffizier, er starb, als Marlene sieben Jahre alt war. Die Mutter heiratete noch einmal und verlor ihren zweiten Mann im Ersten Weltkrieg. Marlene besuchte ein Lyzeum und erhielt früh Geigen- und Klavierunterricht. Gerne wäre sie Konzertgeigerin geworden, die Disziplin für eine solche Karriere hatte sie zu Hause eingeübt. Aber als sie während einer langwierigen Sehnenscheidenentzündung mit der Violine pausieren musste, kam ihr der Gedanke, ob sie nicht vielleicht lieber Schauspielerin werden sollte. Sie nahm Unterricht bei Koryphäen des Max-Reinhardt-Theaters und erhielt bald erste kleine Rollen. Auch der Stummfilm setzte die attraktive Blondine gerne ein. Im Studio lernte sie den Aufnahmeleiter Rudolf Sieber kennen, die beiden heirateten 1923. Ein Jahr später kam Tochter Maria zur Welt. Als sie die Chance bekam, für die Lola Lola vorzusingen, bewies sie Stehvermögen. Der österreichisch-amerikanische Regisseur Josef von Sternberg war keineswegs auf Anhieb überzeugt von ihr. Doch sie bestand darauf, immer noch ein weiteres Chanson vorzutragen. Zugleich versuchte sie den Anschein zu erwecken, als sei sie gar nicht besonders interessiert an der Rolle. Dieser Balanceakt auf einem schmalen Grat zwischen Stolz und Interesse, zwischen Abwehr und Verlangen wurde später ihr Markenzeichen. Und das verlieh ihr diese ganz besondere Ausstrahlung: Ich bin für Dich da, liebes Publikum, aber du weißt, ich kann auch wieder gehen.

So wegwerfend verhielt sie sich auch bei der Premiere ihres wohl größten Erfolges: des *Blauen Engel*. Sie hatte nach langen Überlegungen mit Rudi entschieden, Josef von Sternberg nach Amerika zu folgen. Ein Vertrag mit Paramount Pictures war in Vorbereitung, es gab keine Zeit zu verlieren. Marlene konnte sich nicht mit solchen Sentimentalitäten wie einer Premierenfeier aufhalten, sie musste sich einschiffen. Also feierte Berlin den *Blauen Engel* ohne dessen Star – worüber nur einer sich wirklich gefreut haben wird: Emil Jannings, der männliche Hauptakteur, der während der Dreharbeiten die Erfahrung machen musste, nicht im Mittelpunkt zu stehen. Die unbedeutende kleine Frau Dietrich stahl ihm die Show. Diesen Tiefschlag verwand er lange nicht.

Auch Josef von Sternberg, Marlenes Entdecker und Schöpfer der Ikone, die sie während der 1930er-Jahre in den USA verkörpern sollte, kam mit »seiner« Marlene nicht aus. Er modellierte sie, schuf den hellblonden, superschlanken, geheimnisvollen Vamp, den die Dietrich in ihren Paramount-Filmen während der 1930er-Jahre darstellte, in *Marocco*, *Entehrt*, *Blonde Venus*, *Shanghai Express* und *Die scharlachrote Kaiserin*, aber die Liebeswünsche, die er an seine *Leading Lady* herantrug, wurden nicht erwidert. Dietrich war eine loyale Teamplayerin, sie war immer pünktlich, hatte keine Launen, keine Allüren und war beliebt wegen ihres Humors – aber sie konnte ihren Mentor nicht lieben. Stattdessen begann sie Affären mit dem französischen Entertainer Maurice Chevalier und mit ihren Filmpartnern Douglas Fairbanks und John Gilbert. Sie wandte sich auch einigen Frauen zu. Ihre Liaisons hielt sie geheim, in die Öffentlichkeit drang wenig über ihr Privatleben. Mit Rudi Sieber blieb sie verheiratet – beide hatten einander das Jawort unter dem Vorbehalt gegeben, erotisch eigene Wege gehen zu dürfen. Sieber fand auch bald eine andere Partnerin, die lange an seiner Seite blieb und weniger reiselustig war als Marlene. Das Paar Sieber-Dietrich hielt indes über Jahrzehnte eine vertrauensvolle Freundschaft, man stand einander bei und sorgte für Zusammenkünfte – er kam nach Amerika, sie nach Europa –, auch um der Tochter willen, die später in die USA zur Mutter zog. Marlene Dietrich war und blieb ein Kind des Zwanzigerjahre-Berlins: modern, frei, experimentierfreudig, bisexuell und mutig. Sie setzte Frack, Zylinder und ausgestellte Hosen als Outfit für Frauen durch. In ihrem ersten US-Film *Marocco* gibt es eine grandiose Szene, die um ein Haar der Zensur zum Opfer gefallen wäre. Marlene spielt eine Nachtclubsängerin, die im Anzug auftritt. Von einem weiblichen Gast nimmt sie eine Blume entgegen – zum Dank beugt sie sich über die Dame und küsst sie auf den Mund. Und wirft die Blume deren Begleiter zu – einem Legionär, gespielt von Gary Cooper, dem sie später in die Wüste folgen wird. Der mit Marlene befreundete englische Kritiker Kenneth Tynan schrieb über sie: »She has sex, but no positive gender.« (Sie ist sexy, aber es ist nicht ganz klar, welchem Geschlecht sie angehört.)

Amerika musste sich an seinen Import aus Berlin erst gewöhnen. Die mysteriösen Blondinen mit der schillernden Sexiness, die Marlene in ihren Sternberg-Filmen zu spielen hatte, irritierten das Publikum. Allerdings hörte man die Deutsche gern singen, und ihre Lola Lola – der Film wurde nicht extra synchronisiert, sondern gleich auch in einer englischen Fassung gedreht – blieb in bester Erinnerung. Auch in Deutschland. Dort machten sich die nationalsozialistischen Kulturpolitiker gleich nach der Machtübernahme Gedanken, wie sie es wohl anstellen könnten, Marlene heim ins Reich zu holen. Sie unterbreiteten der verlorenen Tochter verlockende Angebote. Aber es war nichts zu wollen. Für die Nazi-Filmkunst war die Dietrich nicht zu haben – zumal sie davon ausgehen musste, dass ihr Regisseur Sternberg, der Jude war, in Berlin nicht würde arbeiten können. Sie blieb Hollywood treu, obwohl ihre großen Sternberg-Filme nach dem *Blauen Engel* nur mäßig erfolgreich waren. Einen Aufschwung gab es, als Marlene zur leichteren Muse fand und mit *Der große Bluff* unter der Regie von George Marshall sogar einen Western drehte (1939). Partner James Stuart wurde ein enger Freund. »Nachdem wir eine Woche zusammen gearbeitet hatten, habe ich mich in sie verliebt. Dem Regisseur, dem Kameramann und der ganzen Besetzung ging es genau wie mir. Wir haben uns alle in sie verliebt.« Marlene spielte ferner Hauptrollen in Filmen von Alfred Hitchcock, Billy Wilder und Ernst Lubitsch. Sie war ein echter Weltstar, die erste deutsche Filmschaffende womöglich, die international überzeugte.

Marlene Dietrich hatte viele beglückende erotische Affären, darunter die leidenschaftliche Beziehung zu dem Schriftsteller Erich Maria

Remarque. Ihre große Liebe aber war der französische Schauspieler Jean Gabin. Sie lernte ihn 1938 in Paris kennen. Zunächst war es kollegiale Freundschaft. Als die beiden sich drei Jahre später in den Staaten wieder treffen, wird mehr daraus. Sie passen zueinander. Beide sind bodenständig und geradeaus, er dabei ein bisschen hölzern und sie sehr elegant, aber was die glamouröse, neurotische und klatschsüchtige Seite des Filmbusiness betrifft, so haben beide damit nichts am Hut. Als Europäer sind sie einander in Amerika ohnehin besonders nah. Sie bringt ihm Englisch bei, er vervollkommnet ihr Französisch, sie kocht für ihn – was sie für alle ihre Liebhaber stets mit Begeisterung tat. Über Jahre sind Gabin und Dietrich ein leidenschaftlich verbundenes Paar – sie drehen sogar einen Film zusammen: *Martin Roumagnac*, eine französische Produktion (1946). Und sie haben verwandte politische Überzeugungen: Sie macht während des Krieges bei der US-Truppenbetreuung mit, er geht zur Résistance. In den Jahren danach arbeitet sie weiter in den Staaten, er muss in Frankreich seine Karriere neu anschieben – das bedeutet: es gibt lange Phasen der Trennung. Für sie ist das kein Problem, es gibt das Telefon, die Post, und man kann reisen, um sich wieder zu sehen. Aber Gabin erträgt ihre amouröse Freizügigkeit nicht. Er weiß, dass sie andere Männer trifft, wenn er nicht bei ihr ist. Also gibt er sie auf. Nach sieben Jahren gehen sie auseinander. Vergeblich bemüht sich Marlene um eine

Neubelebung der Beziehung. Er hat sich vor ihr in Sicherheit gebracht und antwortet nicht mehr.

In *Zeugin der Anklage* nach Agatha Christie spielt Dietrich 1957 unter der Regie von Billy Wilder noch mal in einem Welterfolg mit. Danach, 1961, tritt sie in *Das Urteil von Nürnberg* auf. Dieser US-Film stellt die Frage nach der deutschen Schuld am und im Zweiten Weltkrieg. Regie führt Stanley Kramer, und Erich Maria Remarque ist künstlerischer Berater der deutschen Dialogfassung. Es ist Marlene Dietrichs letzter Film, aber nicht das Ende ihrer Karriere. 1960 ist sie nach Berlin zurückgekehrt – um dort in einer One-Woman-Show als Chansonsängerin aufzutreten. Man empfängt sie zunächst unter Vorbehalt. Es gibt Angriffe, Verwünschungen, Buh-Rufe. Hatte sie doch ihrem Vaterland in schwerer Zeit den Rücken gekehrt – aber hatte sie damit nicht recht gehabt? Schließlich entscheiden die Fans den Streit um die Emigrantin für Marlene: Wenn sie »Lili Marleen« und »Sag mir, wo die Blumen sind« zum Besten gibt, auf ihre unnachahmliche lässig-mondäne Art, fliegen ihr die Herzen der Berliner zu. In einer zweiten Karriere als Diseuse tourt Marlene durch die ganze Welt, ihr Musical Direktor ist der Komponist Burt Bacharach. Sie tritt in den Ländern des Ostblocks auf, und sogar in Israel kann sie ihre Songs auf Deutsch vortragen. Die Menschen jubeln ihr zu. Das Publikum feiert eine freie Frau, eine Künstlerin, die gewusst hat, wann es richtig war, ihre Heimat zu verlassen, aber auch, wann es Zeit war, zurückzukehren. In ihrer Biografie von 1987 heißt es: »Ich bin, Gott sei Dank, Berlinerin.«

Ihren Lebensabend verbrachte Dietrich in Paris. Hier, in der Avenue de Montaigne, verließ sie nur selten ihr Schlafzimmer, umsorgt von Tochter Maria und etlichen Angestellten. Sie kommunizierte mit der Welt übers Telefon. Als Maximilian Schell sie bat, für einen Dokumentarfilm über ihr Leben zur Verfügung zu stehen, sagte sie zugleich Ja und Nein. Er dürfe kommen und sie interviewen. Aber keine Kamera! »Ich bin zu Tode fotografiert worden«, stöhnte sie. Schell war enttäuscht, kam aber dann doch mit dem Mikrofon und einem Aufnahmegerät zu ihr. Sie erzählte aus ihrem Leben. »Marlene« (1982) wurde ein hervorragender Film – optisch zusammengehalten von alten Aufnahmen und Filmausschnitten.

Marlene Dietrich starb am 6. Mai 1992 in Paris nach einem Schlaganfall. Beigesetzt wurde sie in Berlin, auf dem Städtischen Friedhof Stubenrauchstraße. Im Areal des Potsdamer Platzes mitten in Berlin gibt es den Marlene-Dietrich-Platz. Seit 2002 ist die Schauspielerin Ehrenbürgerin Berlins.

Die Knef 1951 im Skandalfilm »Die Sünderin«

Weil ich begabt bin
Hildegard Knef (1925–2002)

»Das Leben ist ein geschenktes Pferd, meiner Meinung nach.« Auf diesen Satz von Jerome D. Salinger geht der Titel der Memoiren von Hildegard Knef zurück. Das Leben als Segen, ein Geschenk eben, so hat sie es verstanden. Die Schauspielerin Knef hat immer hart gearbeitet, öfter mal krank auf einer Bühne gestanden und ist auch hingefallen. Aber sie ist immer wieder aufgestanden. Knef war die erste Nackte im Film nach dem Krieg und die erste weibliche Künstlerin, die ihre Krebserkrankung und ihre Schönheitsoperation öffentlich machte.

Wenn eine Künstlerin es zu Lebzeiten schafft, den bestimmten Artikel vor den Familiennamen gesetzt zu bekommen, ist ihr der Nachruhm sicher; für männliche Künstler ist eine solche Adelung nicht vorgesehen. Hildegard Knef wurde anerkennend nur ›Die Knef‹ genannt. Auch ein Film über sie heißt so, ein weiterer dann nur ›Knef‹ und dann sogar nur noch ›Hilde‹. Nach dem Krieg hat sie sich zwanzig Jahre lang Hildegarde Neff rufen lassen; womöglich, weil auf diese Weise ihr Name in den USA deutschklingend ausgesprochen wird. Sie gab den Deutschen Hoffnung, indem sie »signalisierte: Wir werden überleben, wir sind noch einmal davongekommen, wir lassen uns nicht unterkriegen«, wie der Kritiker Hellmuth Karasek bewundernd feststellte. Hildegard Knef hat das Bild der Berlinerin entscheidend gefärbt, besonders im angelsächsischen Raum. Ihre Unverfrorenheit, Schlagfertigkeit, ihr Mut und ihre Lust, unangenehme Dinge beim Namen zu nennen und Grenzen zu überschreiten, gepaart mit einer dunklen Stimme, die vieles herb und melancholisch klingen ließ, prägten es – die Knef und Berlin gehören ganz natürlich zusammen. Heute erinnert in Schöneberg der Hildegard-Knef-Platz an sie.

Die Knef? »Das ist doch die Berlinerin mit den dunklen Augen und der rauen Stimme, die immer so viel rauchte. Ja, genau! Die hat Hof gehalten wie Altkanzler Schmidt und Sätze rausgehauen, da haben die Männer Bammel gekriegt«, so heute noch ein Chat im Internet. Hildegard Knef gehört zu jenem Schlag lässiger Berlinerinnen, wie sie für die Zwanzigerjahre typisch waren. Das heißt natürlich nicht, dass Hildegard keine Unsicherheiten oder Ängste kannte, sie ging nur anders damit um. Besonders ungeniert zeigte sie sich beim Singen. Sie schrieb ihre Texte oft selbst und hatte große Komponisten an ihrer Seite. Sie improvisierte, übte sich im Scatgesang und Jazz und interpretierte Chansons. Sie drückte sich in vielen Kunstformen aus, spielte Theater, drehte Filme und schrieb. Die Malerei war ihre erste Leidenschaft.

Hildegard Frieda Albertine Knef, am 28. Dezember 1925 in Ulm geboren, ist ein Jahr alt, als sie nach Berlin kommt. Ihr Vater Hans Theodor, ein Tabakkaufmann aus Flamen, ist gerade an der Syphilis gestorben. Mutter Frieda Auguste wird nie über den Tod des geliebten Gatten hinwegkommen. Sie hatte eine schöne Stimme, die sie ausbilden wollte, dafür fehlte jedoch das Geld. Als Alleinerziehende war sie zunächst Sekretärin bei Siemens, später betrieb sie einen Kiosk, die kleine Hilde kam zu den Großeltern. Die stritten oft, dabei warf Opa Karl im Jähzorn gern mal Geschirr auf den Boden. Hatte er sich jedoch beruhigt, schenkte er seine ganze Zuwendung der kleinen Enkelin. Die beiden verstanden sich prächtig. Mit fünf wird Hilde in den Kindergarten geschickt. Es fällt ihr schwer, mit Gleichaltrigen in Kontakt zu kommen, lieber hält sie sich bei den Erwachsenen auf. Als die Großmutter stirbt, heiratet der geliebte Opa erneut, schlagartig ist es vorbei mit der trauten Zweisamkeit. Auch die Mutter lernt 1933 einen neuen Mann kennen, Wilhelm Wulfestieg. Obgleich sie nicht adoptiert wird, soll Hildegard offiziell seinen Nachnamen tragen, sie weigert sich. Sie ist die Einzige in der Familie, die noch Knef heißt. Dieses Einstehen für die eigenen Belange, man kann es auch Dickköpfigkeit nennen, bleibt ihr markanter Wesenszug. Hilde ist ein kränkliches Mädchen, sie hat eine Kinderlähmung überstanden und leidet unter Blutarmut. Seit sie sich achtjährig als Marktschreierin versucht und dabei einen

Stimmbandriss zugezogen hat, krächzt das Gör heiser und dunkel – ein starker Kontrast zu der zarten Erscheinung. »Ich war ein trauriges Kind. Sehr einsilbig, voller Sehnsucht nach einer kuscheligen Familie.«

Mit vierzehn wird Hilde Mitglied beim BDM, dem Bund Deutscher Mädel. Trotz Intervention des Großvaters geht's zum Ernteeinsatz. Und mit fünfzehn zur ersten Tanzstunde. Wegen der mangelnden Rundungen polstert die Mutter die Tochter auf, damit sie bloß einen Tanzpartner findet. Natürlich wird der Schwindel entdeckt, weinend kommt das Kind nach Hause.

Hildegard Knef hat sich ein Leben lang eine große Arglosigkeit bewahrt: »Ich bin von einer geradezu blödsinnigen Naivität. Da hat es natürlich oft Rückschläge gegeben. Der Verlust der Naivität ist eine Bewegung in den Selbstmord. Naivität, diese kindlichste aller kindlichen Eigenschaften, ist unglaublich wichtig, soweit sie nicht rosarot ist.« Ab einem gewissen Alter ist Naivität eine Lebensleistung, Pessimismus kann jeder. Mit sechzehn verlässt sie die Schule und ergattert eine Lehrstelle als Trickfilmzeichnerin bei der Universum Film AG (Ufa). Und wie es so ist beim Film, wenn man erst mal dabei ist, kann man auch entdeckt werden. Hilde wird zu Probeaufnahmen und zu einer Schauspiellehrerin geschickt, Else Bongers. »Wieso wollen Sie Schauspielerin werden?« »Weil ich begabt bin, ich weiß es.« Bongers ist beeindruckt von so viel Chuzpe, Produktionschef Wolfgang Liebeneiner ebenfalls. In Babelsberg wird 1943 der Ausbildungsvertrag geschlossen. Zustimmen muss nur noch der Chef der Reichskulturkammer, Josef Goebbels. Der gibt sein Plazet, wünscht aber eine Korrektur ihrer Nase. Goebbels lädt Elevinnen gern zu sich nach Hause ein, Bongers kann das verhindern. Beide Frauen bleiben lebenslang freundschaftlich verbunden. Die Ausbildung ist gründlich, Hilde lernt fleißig und viel, der Sprechunterricht hilft, ihr Berlinerisch in den Griff zu kriegen. Sie ist ehrgeizig und neidisch, wenn andere bessere Rollen bekommen, beliebt ist sie nicht. Liebenswürdigkeit und Nähe sind nicht Hildes Ding. Freundet sie sich dennoch an, vereinnahmt sie ganz und gar. Wer trotz Bombenalarms dreimal zu spät kommt, fliegt raus. Vor Überarbeitung und Hunger fällt Hilde manchmal in Ohnmacht. An Sonntagen wird sie auf Goebbels Geheiß zur Truppenbetreuung in die Altmark abkommandiert. Da singt sie vor Soldaten »Unter einem Regenschirm am Abend«.

Gegen Ende des Krieges dreht sie mit Helmut Käutner *Unter den Brücken*. Zu dieser Zeit ist sie mit dem knapp zwanzig Jahre älteren Ewald von Demandowsky liiert, Redakteur beim *Völkischen Beobachter*, ein Filmfunktionär, der Durchhaltefilme produziert. Dem kleinen Mann zuliebe trägt sie flache Schuhe. Sie lebt bei einem älteren Ehepaar zur Untermiete. Nach dem Krieg versucht sie die Liaison mit dem Parteibonzen zu verheimlichen. In russischer Kriegsgefangenschaft wird Demandowsky standrechtlich erschossen, Hilde wird mehrere Tage lang verhört, eine traumatische Erfahrung, von der sie aber nicht viel Aufhebens macht. »Diese Wut auf alles und jedes, dieser Zorn, der manchmal nachließ, aber doch im Grunde immer gegenwärtig war, der hat sehr viel in mir angerichtet für mein ganzes Leben.« Bei Victor de Kowa und Boleslaw Barlog spielt sie Theater, mit Wolfgang Staudte dreht sie *Die Mörder sind unter uns*. Für die Hauptrolle in *Film ohne Titel* bekommt sie bei den Filmfestspielen in Locarno den Preis als beste Schauspielerin. Und sie schließt die Ehe mit dem amerikanischen Filmagenten Kurt Hirsch. Mit ihm geht sie in die USA. In Hollywood wundert sie sich über das im Vergleich zur Ufa kleine Filmgelände, auf dem alles zu Fuß erreichbar ist. Beruflich kann sie nicht Fuß fassen, lernt aber interessante Leute wie den Philosophen Ludwig Marcuse kennen, mit dem sie sich rege austauscht. Sie lernt fleißig englisch und leidet unter Heimweh. Nach zwei erfolglosen Jahren kommt 1949 ein verlockendes Angebot von der Fox: sie soll in einem Film *The Big Lift* über die Luftbrücke eine Hauptrolle übernehmen, Drehort Berlin. Es war schon ein wenig absurd: um im US-Film zu reüssieren, muss sie erst einmal zurück in die Frontstadt. Vor Ort aber war schon anders entschieden worden, sie bekommt die Rolle doch nicht. Und das ist ihr Glück. Denn jetzt erhält sie vom Filmregisseur Willi Forst das

Angebot, die Hauptrolle in *Die Sünderin* zu spielen. Wenige Sekunden ist sie hier nackt zu sehen. Der Film löst im Nachkriegsdeutschland einen Skandal aus, bedeutet aber zugleich Knefs Durchbruch als Schauspielerin. *Die Sünderin* verletzt noch weitere Tabus: Sterbehilfe und Freitod. »Ich konnte mir gar nicht vorstellen, warum alle verrückt spielen. Ich war daran gewöhnt auch nackt dazustehen, denn ich hatte mal ein Stipendium als Malerin, da haben wir gegenseitig für uns Akt gestanden.«

Zurück in den Staaten bekommt sie gleich eine neue Chance. Henry King dreht *Schnee am Kilimandscharo* mit Gregory Peck und Ava Gardner und besetzt die Rolle der Gräfin Liz mit Hilde. Jetzt ist die Knef im amerikanischen Filmgeschäft angekommen. Komponist Cole Porter sieht sie in dem erfolgreichen Hemingway-Film und engagiert sie für die Partie der Ninotschka in seinem Musical *Silk Stockings*. »Ich sagte ihm, ich könne unmöglich singen, schon ganz bestimmt nicht auf einer Bühne ohne Mikrofone mit 2000 Plätzen.« Doch, sie konnte. Zwei Jahre lang spielt sie en suite. »Ich war die erste Deutsche, die am Broadway Erfolg hatte. Marlene Dietrich umarmte mich und sagte: We Krauts, du hast es geschafft.«

Hildegard Knef wusste oft nicht, was in ihr steckte, immer fand sie es dadurch heraus, dass sie es einfach machte. Und sie vertraute zeitlebens Wahrsagern, denen sie viel Geld zusteckte, besonders in den USA. Inzwischen haben sich Hilde und Kurt auseinandergelebt, 1953 lassen sie sich schließlich scheiden.

Die Knef versucht sich als Schriftstellerin. Als sie einem Lektor Proben schickt und dieser ablehnt, hört sie entmutigt auf. Später bringt sie eigene Chansontexte zu Papier, von denen nicht nur ihr zweiter Ehemann, der britische Schauspieler David Cameron, begeistert ist, sondern auch ihr Freund Manfred George, langjähriger Chefredakteur der deutsch-jüdischen Exilzeitung *Aufbau* in New York: »Deine Texte sind mehr oder weniger ein mich ebenso überraschendes wie beglückendes Zeugnis des großen Aufbruchs Deines inneren Gefühls.« Teldec-Chef Kurt Richter produziert später Knefs erste Schallplatte mit selbst verfassten Liedtexten, *Ich seh' die Welt durch deine Augen*. Die Rolle der Chansonsängerin entspricht Hildegard Knef am besten, denn in erster Linie kommt es hier auf die Persönlichkeit an, dann erst aufs Handwerk. Ella Fitzgerald findet, die Knef ist »die größte Sängerin ohne Stimme«.

David Cameron bewundert Hilde in dem Film *La fête à Henriette*, der ihr in Frankreich Lob sowohl vom Publikum als auch von der Kritik einbringt. Knef und Cameron heiraten 1962, sechs Jahre später kommt Tochter Christina zur Welt. Hilde schreibt Liedtexte und unternimmt erfolgreiche Konzerttourneen mit dem Orchester Kurt Edelhagen. 1970 erscheint ihre schonungslose Autobiografie *Der Geschenkte Gaul*. Der Bestseller wird in siebzehn Sprachen übersetzt und nach ihrem Tod mit Heike Makatsch verfilmt. Auch mit ihrer Brustkrebserkrankung geht Hilde offen um, sie schreibt ein Buch darüber: *Das Urteil* erscheint 1975. Mit den Konzerten ist es wegen der Krankheit vorerst vorbei, stattdessen absolviert sie zahlreiche Lesungen. Das Publikum honoriert ihre Direktheit, nicht nur in Europa, auch in den USA wird dieses Buch ein Bestseller. David unterstützt seine Frau wo er kann, produziert ihre Alben und übersetzt ihre Bücher. Hildes Dominanz tut der Ehe mit dem jüngeren Mann auf Dauer nicht gut, das Paar lässt sich 1976 scheiden. Im Jahr darauf findet Hilde einen neuen Gefährten, den Freiherrn Paul Rudolf von Schell zu Bauschlott.

Ihr Erkennungslied *Für mich soll's rote Rosen regnen*, im Geburtsjahr ihrer Tochter aufgenommen, spielt sie in den 1990er-Jahren mit der Rockband Extrabreit neu ein, mit dem Jazztrompeter Till Brönner nimmt sie ihr letztes Album auf, *17 Millimeter* – es wird zur erfolgreichsten Jazzproduktion des Jahres gekrönt. Brönner über seine Zusammenarbeit mit der Diva: »Es ist so, dass die Knef eine Erfahrung ist, die man eigentlich fast eher in den Bereich einer Lebenserfahrung als einer musikalischen Erfahrung stellen muss. Es war ganz klasse für mich, mit einer Frau von einer solchen Dimension zusammenzutreffen.« Hildegard Knef hat fast fünfzig Filme gedreht, knapp fünfzig Jahre gesungen und viele Jahre auf der Bühne gestanden.

Am 1. Februar 2002 stirbt sie an den Folgen einer Lungenentzündung. Kurz zuvor war ein einfühlsames filmisches Porträt von ihr mit letzten Interviews entstanden, *A woman and a half*. Eine männliche Offstimme erklärt den Titel: »Sie war eine ungeheure Frau, es konnte mehr auf einen zukommen, als man wollte.«

Ungeschminkt
Regine Hildebrandt (1941 – 2001)

Die öffentlichen Räume und wie sie genutzt werden, das war sehr verschieden in Ost- und Westdeutschland. In den eigenen vier Wänden unter
seinesgleichen redete man im Osten gerne Tacheles,
offiziell war man eher vorsichtig. Und privatissime
kam keiner auf die Idee, sich erfolgreich zu geben,
jedes Getue um Status und Geld war lächerlich.
Daher war eine solche Rede, wenn sie dann doch
öffentlich wurde, ungemein bestrickend, sowohl in
ihrer Direktheit als auch in ihrer Unbefangenheit.
Regine Hildebrandt redete, wie ihr der Schnabel
gewachsen war, das heißt, sie machte keinen
Unterschied. Sie sprach unverblümt ohne Punkt und
Komma, das machte sie bekannt und beliebt in ganz
Deutschland. Doch wer aufrichtig redet, sich und
andere nicht schont, und das noch mit Emphase,
eckt auch an, macht sich auch Feinde. Mit ihrer volksnahen »Berliner Kodderschnauze« – ihre
Worte –, erklärte sie undiplomatisch dem Westen
den Osten. Und umgekehrt. Geschmeidigkeit und
Beschönigung waren ihre Sache nicht. Den Satz »Es
kann nicht sein« sagte sie oft, und zum politischen
Gegner schon mal »Da könnt' ich 'nen Knüppel
nehmen.«

»Wenn Sie bei uns aus dem Fester geguckt haben, waren Sie mit dem Kopf im Westen, aber mit dem Hintern noch im Osten.« Regine Hildebrandt, ca. 1993

Es gibt zwei gegensätzliche Weltanschauungen: Entweder glaubt man, Eigeninitiative, Leistung und Ehrgeiz jedes Einzelnen führten zu einer guten Gesellschaft, oder es seien Solidarität, Hilfe für die Schwachen und ein demokratisches Miteinander, die sie befördern. Individuum und Kollektiv, Wettbewerb und Kooperation, Bewahrung und Erneuerung. Womöglich besteht eine tragfähige Lösung aus einem Amalgam aus beiden Anschauungen. Regine Hildebrandt jedenfalls schaute eindeutig aus der zweiten Perspektive auf die Welt. Ihr ging es immer um die Sache und die Menschen. »Der Klotz am Bein der westdeutschen Wohlstandsgesellschaft sind nicht die bedürftigen Ostdeutschen, die ihren Brüdern und Schwestern angeblich die Haare vom Kopf zu fressen drohen, der Klotz am Bein sind geistige und praktische Unbeweglichkeit der herrschenden politischen Klasse, die zusieht, wie das Soziale an der Marktwirtschaft vom Kapital getilgt wird. Möge es doch weniger reiche und zugleich weniger arme Leute geben!« Dennoch oder gerade deswegen wird sie Ministerin für Arbeit, Soziales, Gesundheit und Frauen in der ersten brandenburgischen Landesregierung nach dem Mauerfall. Zur politischen Arbeit gehören jedoch unbedingt der Konsens und der ausgehandelte Kompromiss. Beides fällt ihr schwer, schon weil sie fürchtet, dass es ihren Charakter untergraben, ihre Haltung beugen könnte. Ihr Selbstverständnis: »Taktisches Vorgehen zum

Erzielen eines erfolgversprechenden Effektes ist mir in der Seele zuwider.« Als Politikerin ist sie mit dieser Haltung dann doch erstaunlich weit gekommen.

Wer war nun diese lebhafte engagierte Frau, die aufgrund historischer Umwälzungen ans Licht der Öffentlichkeit gelangt war? Aufgewachsen ist die am 26. April 1941 geborene Regine Radischewski in der Bernauer Straße in Mitte. Im Krieg wird ihr Wohnhaus ausgebombt, die Familie kann jedoch in derselben Straße eine Eineinhalbzimmer-Wohnung, Parterre mit dem Klo auf halber Treppe, ergattern. »Die Waschlappen in der gemeinsamen Küche waren im Winter angefroren. Da wir kein Bad hatten, gingen wir wöchentlich ins Stadtbad Mitte zum Duschen. Ich habe diese Zustände niemals als bedrückend empfunden, unser Leben nicht als entbehrungsreich. Wir feierten oft und gern. Mein Vater kümmerte sich rührend um uns Kinder, er schleppte uns überallhin mit. Bei ihm hatte ich Klavierunterricht, und wir spielten häufig vierhändig.« Die Bernauer ist jene berühmte Straße mit den zugemauerten Fenstern, in der kurz nach dem Mauerbau Flüchtlinge spektakulär aus den letzten verbliebenen Häuseröffnungen in den Westen sprangen. Die östliche Straßenseite lag im sowjetischen Sektor, Straße, Damm und Häuserzeile der anderen Straßenseite lagen im französischen Sektor; entlang der Häuserfassaden verlief die Grenze zwischen den beiden Systemen. »Wenn sie also bei uns aus dem Fenster geguckt haben, waren Sie mit dem Kopf im Westen, aber mit dem Hintern noch im Osten.« Eine Flucht ist anfangs noch jederzeit möglich, kommt aber für die Familie und speziell für Regine nicht in Frage. Dazu ist sie viel zu sehr verbunden mit dem Ort und den Menschen, mit denen sie lebt.

Gleich neben der Wohnung, ein wenig nach hinten versetzt, steht die evangelische Versöhnungskirche, nunmehr Grenzkirche, deren letzter Pfarrer drei Jungen hat. Diese Kirche mit ihrem weitläufigen Gelände ist für viele Jahre Regines angestammtes Habitat, hier fühlt sie sich wohl und zu Hause. Sie mag die Geselligkeit, das ernste und feierliche der Gottesdienste, die vielen Bücher, die Wissen und Bildung verheißen, den Geruch und die Geräusche dieses Ortes und nicht zuletzt die Fröhlichkeit, die mit anderen geteilt wird. Hier im Gemeindehaus wird sie getauft – samstagabends, wenn es dunkel ist und es weniger auf Äußerlichkeiten als auf Bekenntnisse ankommt –, hier geht sie zu Chorproben und Bibelstunden. Kiez und Kirche, das war eins. Regine Radischewski bekennt sich ganz natürlich als Christin, in der DDR nicht unproblematisch. Diese Haltung gepaart mit ihrer undiplomatischen Aufrichtigkeit macht sie bald auch gesellschaftlich zur Außenseiterin – am Rand wohnt sie ja schon. Da ist allerdings noch ihr nicht zu stillender Wissensdurst, der mit einem unbändigen Ehrgeiz einhergeht. Als Kind schon ist Regine Funktionärin eines kleinen Betriebs, der die Verwandtschaft mit

Häkelprodukten versorgt: Beschaffung, Produktion und Vertrieb, alles liegt in ihrer Hand. Selbstredend, dass der Arbeitsplatz stets pikobello aussieht. Sie schreibt beständig Einsen und wenn es mal Zweien werden, nennt sie das gleich »schlechte Noten« und meint es ernst. Das könnte den sozialistischen Staat freuen, sollte man meinen, doch Regine geht nicht zu den jungen Pionieren und ist erst recht nicht in der Partei. Im Unterricht gibt sie Widerworte und fragt kritisch nach, dieser Eigensinn passt den meisten Lehrern nicht und ist ihnen womöglich auch zu anstrengend – obwohl diese Starrköpfigkeit doch gerade die besten Schüler ausmacht. Verkehrte Welt. »Ich war kein gefälliger, charmanter Typ, weder vom Auftreten noch von der Kleidung her.« Aber die Menschen mögen diese etwas spröde, ungeschminkte, ungeduldige und unbestechliche Person. Regine ist das Gegenteil einer Außenseiterin, sie steht im Mittelpunkt, egal wo sie ist. Womöglich ist es ihr Enthusiasmus, ihre Lebensfreude oder einfach nur ihre Energie, die sie verschwenderisch verströmt. Regine ist nie allein, ob sie nun im Kirchenchor singt, Sport treibt, Pflanzen sammelt und kategorisiert, Ausflüge organisiert oder an Projekten arbeitet. Und anschließend lädt sie gern und oft ihre gesamte Entourage nicht immer zur Freude der Mutter nach Hause ein, kurz: die Radischewskis führen ein offenes Haus. Wenn Regine doch mal was für sich macht, dann sind das Dinge wie Lesen, Fotografieren, Klavierspielen oder Listen anlegen, Fernsehen lehnt sie ab: »Ich mach lieber was Praktisches. Manch einer trödelt oder guckt aus dem Fenster, ich hatte immer was vor.« Struktur, Ordnung, Vollständigkeit sind ihr Ding. Gemeinsam mit ihrem Bruder legt sie mal eine Enzyklopädie der wichtigsten Werke aus allen Lebensbereichen an, natürlich war das ihre Idee. Sie macht dann schließlich doch alles selbst und übernimmt sogar noch seinen Part, die Musiksparte. Wegen ihrer Rastlosigkeit macht sie wenig Aufhebens ums Essen: »Verdauung kostet nur Kraft und schläfert ein.« Zeitlebens hat Regine Hildebrandt Unmengen von Äpfeln verputzt.

Vater Walter ist Unterhaltungsmusiker und Repetitor an der Staatlichen Ballettschule, als Pianist tourt er mit seiner Kapelle durch Amerika, Mutter Gertrud, eine Hamburgerin, ist Hausfrau. Jürgen ist ihr vier Jahre älterer Bruder. Achtzehnjährig besteht Regine das Abitur mit sehr gut, ein Wunschstudium der Bibliothekswissenschaften mit Schwerpunkt Biologie bleibt ihr jedoch verwehrt. Sehr gern wäre sie auch Lehrerin geworden. Der Direktor ihrer Oberschule versprach ihr mitten ins Gesicht: »Ich werde Ihnen alles, was ich nur kann, in den Weg legen, um Ihr Studium zu verhindern.« Doch Regine ist gut vernetzt. »Eine ehemalige Klassenkameradin war Tochter des Biologieprofessors an der Humboldt-Universität zu Berlin. Dieser Professor bekam 1959 erstmals wieder die Genehmigung, Diplombiologen zu immatrikulieren. Das war im August 1959, als alle Bewerbungsverfahren eigentlich schon vorbei waren. Es gab dann aber noch ein Gespräch mit den ideologisch ausschlaggebenden Leuten. Wenn ich bereit wäre, das Junge Gemeinde-Abzeichen an der Universität nicht offen zu tragen, dann sollte es nun klappen.« Und es klappt, 1964 erhält sie ihr Biologie-Diplom. Während ihres Studiums wird jene Mauer gebaut, die ihre Kommilitonen als Bollwerk gegen den Westen verstehen. »Ich dachte, ich werde nicht mehr! Von ›Antifaschistischem Schutzwall‹ konnte doch keine Rede sein, habe ich gesagt. Wo stehen denn die Kampfgruppen? – Vor dem Brandenburger Tor! Daraufhin wollten sie mich exmatrikulieren. Ich sei eines Studiums in der DDR nicht würdig.« Erschwerend kam hinzu, dass ihr geliebter Bruder Jürgen in den Westen geflüchtet war. Er hatte es ihr gebeichtet, sie missbilligte es, gab aber dann doch ihren Segen. Für sie aber galt: bleiben und das Beste draus machen. »Ich bin, was ich bin, nicht das, was ich sein will. Man ist immer das, was man tut, nicht das, was man tun möchte. Man bildet mit der Welt, in die man gerade hineingestellt ist, eine Einheit. Ob einem das nun passt oder nicht. Meistens passt es einem natürlich nicht.« 1968 wird Regine Hildebrandt, wie sie nun heißt, zur Dr. rer. nat. promoviert. Zwei Jahre zuvor hatte sie Jörg Hildebrandt geheiratet, den sie bereits seit mehr als fünfzehn Jahren kannte. Der pflichtbewusste Nachbarsjunge ist einer der

Söhne des Pfarrers ihrer Gemeinde. Jörg war viele Jahre lang Uhrenwart der Versöhnungskirche. Als auch ihr Eingang zugemauert wird, kommt er auf die ketzerische Idee, die Zeiger des Gotteshauses umzustellen – auf fünf vor zwölf. Es dauerte viele Jahre, bis das den Grenzposten auffiel, auf manchen Postkarten ist dieser Coup verewigt. Regines Welt ist überschaubar und beständig, zügig bekommt das Paar drei Kinder, Frauke, Jan und Elske. Familie geht über alles, hier wird vorgelesen und gespielt, mehrere Generationen leben unter einem Dach; jeder für jeden, alle für alle. Und: Kinder sollen keine Angst vor Erwachsenen haben, so hat auch Regine die Welt erfahren. Sie arbeitet im VEB Berlin-Chemie und in der Insulinforschung, als Bereichsleiterin in der Zentralstelle für Diabetes und Stoffwechselkrankheiten. Überall ist sie dabei, als Mitglied, Leiterin oder Vorsitzende: Feuerwehr, Kunstgewerbezirkel, Mineralogische Arbeitsgemeinschaft, Arbeitskollektiv, Elternaktiv, sie betreut wissenschaftliche Arbeiten und ist Dozentin für Pharmakologie. »Es wäre mir in meinem Betrieb im Traum nicht eingefallen, mich als ›Frau Doktor‹ von den anderen abzugrenzen. Es gab auch keine akademischen Frühstücksrunden und keine Akademikerreisen, von denen andere ausgeschlossen waren. Es ›menschelte‹ bei uns, das war in den Arbeitskollektiven allgemein üblich, und niemand hat uns gezwungen, hilfsbereit und freundlich miteinander umzugehen, und reine Notgemeinschaften gegen Verhärtung, Vereinsamung und dauernde Unterdrückung waren das schon gar nicht!«

In der Umbruchzeit engagiert sich Hildebrandt in der Bürgerbewegung »Demokratie Jetzt«, die in der SPD aufgeht. Das Ministerium für Arbeit und Soziales, das ihr in der letzten DDR-Regierung anvertraut wird, erweist sich angesichts der sich abzeichnenden Massenarbeitslosigkeit als Himmelfahrtskommando. Es trifft besonders die Frauen, darauf weist die Ministerin hin. Arbeit sollte finanziert werden, nicht Sozialhilfe. In der Brandenburger Verfassung wird später erwogen, ein Recht auf Arbeit festzuschreiben, doch die Widerstände sind zu groß. Auf ihre maßgebliche Initiative hin wird ein Programm zur Schaffung von einer halben Million Jobs aufgelegt, sie kämpft für den Erhalt der Polikliniken, deren Konzept sich bewährt hat. Als gegen ihr Ministerium Veruntreuungsvorwürfe laut werden – nicht benötigte Fördermittel waren ›zwischengelagert‹ worden –, verteidigt Hildebrandt diese Praxis. Die Affäre setzt ihr zu, auch persönlich, 1999 stellt die Staatsanwaltschaft Potsdam die Ermittlungen gegen sie ein. In diesen turbulenten Jahren wird bei Regine Hildebrandt Brustkrebs diagnostiziert und operiert. Sie spricht nüchtern und öffentlich darüber, als ginge es um Beschäftigungsmaßnahmen oder Frauenförderung. Immer wieder hatte sie aus Termingründen eine Mammografie verschoben, obwohl ihr bewusst war, wie gefährlich das ist. Immerhin hatte eines ihrer Kinder einmal den Krebs besiegt. Seither war sie wachsam – bei anderen. Als ihre Unheilbarkeit gewiss wird, engagiert sich Hildebrandt gegen heftigen Widerstand, aber das ist sie ja gewohnt, für die Legalisierung aktiver Sterbehilfe.

Mit ihrer großen Familie zieht sie in ein Mehr-Generationen-Haus in Woltersdorf am schönen Flakensee. Bis zu ihrem Lebensende gehört sie dem SPD-Vorstand an. Wenige Tage vor ihrem Tod eröffnet sie ein Hospiz, das ihren Namen trägt. Sie stirbt am 26. November 2001. Schulen, Pflegeheime und andere gemeinnützige Häuser wurden inzwischen nach ihr benannt. Im Berliner Bezirk Marzahn-Hellersdorf gibt es seit 2007 den Regine-Hildebrandt-Park.

Die »Godmother of Punk«, ca. 1980

Catharina die Große
Nina Hagen (* 1955)

Wer lange vor der Maueröffnung immer mal wieder ins DDR-Fernsehen spähte, konnte 1974 eine seltsame Entdeckung machen. Da sang eine junge Frau ein befremdlich-schlüpfriges Lied mit einer Präsenz, die enormen Eindruck hinterließ. Es war der erste Fernsehauftritt Nina Hagens, sie sang das Lied *Du hast den Farbfilm vergessen* (mein Michael, nun glaubt uns kein Mensch, wie schön's hier war, haha haha). Unausgesprochener Witz dabei: der sozialistische Osten war ohnehin einheitsgrau, das Malheur spielte also keine Rolle. Hagen hatte gerade ihren Abschluss als staatlich geprüfte Schlagersängerin am Zentralen Studio für Unterhaltungskunst gemacht. Eigentlich wollte sie wie ihre Mutter Eva Maria Hagen Schauspielerin werden, doch die staatliche Schauspielschule nahm sie nicht auf. Der Schlager wird Ninas größter Hit in der Heimat, zwei Jahre später verlässt sie die Republik zusammen mit ihrer Mutter, die wegen ihres Protestes gegen die Ausweisung des Liedermachers Wolf Biermann fristlos entlassen und schließlich auch ausgebürgert wurde. Die ›Bardot der DDR‹, wie ihre Mutter auch genannt wird, war einige Jahre Biermanns Lebensgefährtin gewesen.

Ziehvater Biermann ist in der DDR Ninas musikalischer Lehrer: »Mit neun Jahren hatte ich mir ein Arsenal von Gitarrengriffen angeeignet und schaute mir bei ihm ab, wie man englische Lieder in singbares Deutsch bringt.« Ninas leiblicher Vater ist der Journalist und Drehbuchautor (*Karbid und Sauerampfer*) Hans Oliva-Hagen. Das Paar bekam Tochter Catharina am 11. März 1955 in Friedrichshain, zwei Jahre später trennte es sich. Der Vater hatte sich in den 1930er-Jahren als Freiwilliger bei den Internationalen Brigaden zum Kampf gegen General Franco gemeldet und saß unter den Nazis wegen einer Flugblattaktion im Gefängnis Moabit ein, aus dem ihn die Rote Armee befreite. Ihr Großvater wurde im Konzentrationslager Sachsenhausen ermordet. Ihre Unerschrockenheit hat Nina womöglich von ihren Vorfahren geerbt. Auf jeden Fall vom Vater mitbekommen hat sie ihre Anhängerschaft an den Fußballverein 1. FC Union Berlin. Schlachtruf und Hymne des Clubs lauten ›Eisern Union‹, die Hymne hat Nina Hagen beigesteuert. Als Vorlage nutzte sie die Harmoniefolge eines alten Ohrwurms, den Kanon in D-Dur des Barockkomponisten Johann Pachelbel. Das jährliche Weihnachtssingen im Stadion an der Alten Försterei ist legendär.

Nina rückblickend über ihre Ausreise: »Ich wollte raus, und ich musste auch raus. Meine Schlagerphase mit dem DDR-Hit war ja lustig, aber auf die Dauer wäre das nichts für mich gewesen.

Trotzdem: Die DDR-Zeit hat meine Seele ganz reich gemacht und stark. Wir mussten uns Fantasieräume selber schaffen und haben das auch getan. Ich habe mir mit meinem Stiefvater Wolf Biermann die wildesten Geschichten ausgedacht. Aus westdeutscher Perspektive ist die DDR wirklich nur dieser autoritäre, biedere Staat gewesen. Aber das ist eben die halbe Wahrheit. Viele Westler wissen nicht, was für irre Partys da abgelaufen sind. Ich habe mit meinen Freunden jedenfalls ganz verwegene Sachen gemacht: privates Kabarett, selbst geschriebene Operetten, die wir in irgendwelchen Wohnzimmern aufgeführt haben.«

Nach ihrem ersten Fernsehauftritt macht Nina Hagen eine solche Wandlung durch, dass man sich als Zuschauer später fragt, ob es denn wirklich dieselbe Person gewesen ist, deren Debüt man beigewohnt hatte. Aber womöglich war es gar keine Wandlung, sie hatte eben nur keine Möglichkeiten des Ausdrucks gehabt, zeigefreudig und extrovertiert wie sie war und ist. Im Westen hatte sie die, und wie. Als Erstes zieht es sie in das Sehnsuchtsland aller jungen Menschen, denen populäre Musik etwas bedeutet, nach England. Sie taucht ein in die aggressive Punkszene des Vereinigten Königreichs, die Sex Pistols und The Clash hatten sich eben erst formiert. Eine Weile spielt sie in der Frauenpunkband The Slits, die auch als Vorgruppe von Clash unterwegs ist. Vor diesem Hintergrund gründet sie 1977 in Westberlin die Nina Hagen Band. Frauen waren auch in der Punkszene rar und nun benennt sich eine Gruppe gar nach der Frontfrau. Das erste Album wird ein großer Erfolg, den Song *Pank* auf der ersten Platte hatte Hagen noch zusammen mit Ariane Forster, der Stieftochter von Johnny Rotten geschrieben. Kein Wunder, dass sich Nina Hagen sofort gut mit der Szene vernetzte. Das wird auch bei späteren Projekten der Fall sein, sie hat keine Scheu, auf Menschen zuzugehen. Manager der Band ist der Fotograf Jim Rakete, der auch Künstler wie Nena, Spliff, Interzone und die Ärzte betreute. Nina strotzt vor Selbstbewusstsein, nimmt kein Blatt vor den Mund, im Gegenteil. In der DDR hatte sie in einer intellektuell-künstlerischen Subkultur gelebt, also wahrscheinlich eigenständiger, authentischer und weniger entfremdet als viele andere. In der österreichischen Diskussionssendung Club 2 zeigt die ›Mutter des Punk‹, wie sie inzwischen genannt wird, live im Fernsehen, wie man als Frau masturbieren kann. Sie macht das ohne Scham, die Zuschauer sind entweder entsetzt oder begeistert. Der Moderator muss nach der Sendung seinen Hut nehmen.

Nina Hagen wird das Vorbild vieler junger Frauen in West wie Ost, und jene Jungs, die keine Angst vor ihr haben, finden sie sexy. Die ersten beiden Alben der Band schlagen nicht nur in der Bundesrepublik, sondern auch in Übersee ein. Das liegt gar nicht so sehr an der Musik als vielmehr an Hagens kraftvoller, ausdrucksstarker Stimme, die über vier Oktaven reicht, die sie überaus fantasievoll und variationsreich einsetzt und die in der Phrasierung höchsten Ansprüchen genügt. Das fällt auch der *New York Times* auf: »Miss Hagen trat auf wie eine völlig durchgedrehte Opernsängerin.« Eindrucksvoll zeigt sie ihr Können beim Cover des Zarah Leander Liedes *Ich weiß, es wird einmal ein Wunder geschehen*. Der britische *Melody Maker* mutmaßt gar, ob Hagen nicht »Deutschlands bedeutendster Beitrag zur Popgeschichte seit Brecht« sei. Alice Schwarzer, die gerade die erste feministische Zeitschrift *Emma* gegründet hat, findet, Nina Hagen ist »Patti Smith oder Liza Minnelli ebenbürtig«.

Zu einer Stimme gehört auch die Persona, die gezeigte Einstellung eines Menschen. Und die ist bei Nina Hagen ganz wunderbar ostberlinerisch geprägt: ihr Berliner Mutterwitz ist schnell, aggressiv, liebevoll und geistreich zugleich. Nicht nur, weil sie das hergebrachte Frauenbild komplett ablehnt und Selbstbestimmung rebellisch und lustvoll vorlebt, auch durch Songs wie *Unbeschreiblich weiblich* und *Rangehn* (»Wenn du scharf bist, musst du rangehn, hingehn«) gewinnt sie hohes Ansehen in der Frauenbewegung: »Warum soll ich meine Pflicht als Frau erfüll'n/Ich hab' keine Lust, meine Pflicht zu erfüll'n/Für dich nicht/Für mich nicht/Ich hab' keine Pflicht ... Simone de Beauvoir sagt: ›Gott bewahr!‹/Und vor dem ersten Kinderschrei'n/Muss ich mich erst mal selbst befrei'n/Und augenblicklich fühl' ich mich/Unbeschreiblich weiblich.« Das

Wort weiblich wiederholt sie, schreit es trotzig und wütend heraus. Das mit der Selbstbefreiung klappte offensichtlich, denn sie kriegt zwei Kinder, Tochter Cosma Shiva kommt 1981 zur Welt, Sohn Otis 1990. Sie hat immer wieder auch deutlich jüngere Männer an ihrer Seite, ist manchmal nur kurz verheiratet und hinterlässt bei einigen bleibenden Eindruck. Sänger Anthony Kiedis von den Red Hot Chili Peppers Jahre später über seine Zeit mit ihr: »Sie war meine Mentorin, sexuell und spirituell«. Seit ihrer Mutterschaft ist sie auch überzeugte Vegetarierin. »Es mag so aussehen, dass mein Leben sehr unruhig verläuft, aber ich schwöre Ihnen: Ich war mehr zu Hause als jede Lehrerin oder Stewardess. Wenn ich mit meiner Band nicht gerade auf Tournee gefahren bin, hatte ich den ganzen Tag Zeit für meine Kinder. Egal ob auf Ibiza, wo wir lange Zeit lebten, oder später in Los Angeles. Ich habe meine Kinder immer verwöhnt und vergöttert – ich kann doch gar nicht anders. Außerdem muss man sich um uns sowieso keine Sorgen machen. Wir Hagens haben einen besonderen Energiestrahl.«

Neben ihrer anarchischen Seite hat Hagen kein Problem mit kommerziellem Erfolg, ihr Verhältnis ist da unverkrampfter als bei manchen Westdeutschen. »Kommerz ist gar nichts Schlechtes. Kommerz bedeutet ja nur, dass es irgendwie was richtig gut, perfekt Zusammengeschnürtes ist. Und als Künstler hat man den Wunsch nach Perfektion, was nie, nie, nie zu erfüllen ist – nicht wirklich. Aber manchmal schon.« Ihr schrill-exzentrisches Verhalten – mit Bedacht setzt sie Misstöne – und ihre Lust an der Provokation kommen ihr dabei gut zupass. Allerdings gibt es da auch eine unberechenbare, divenhafte Facette in ihrem Wesen, gepaart mit einem auffälligen Sozialverhalten, das ihr so manches Mal im Weg steht. Und weswegen sie ein gern gebuchter Talkshowgast ist. Manche Kritiker monieren, sie verschleudere ihr Talent. Trotz des großen Erfolgs steigt Hagen noch während der ersten Tour 1979 aus, es heißt, weil sie für sich höhere Gagen forderte. Für die zweite Platte *Unbehagen* werden Stimme und Musik daher schon getrennt voneinander aufgenommen, muss so, vertragliche Verpflichtungen. Sich zu behaupten hat Nina früh gelernt: »Ich war ja als Tochter einer berühmten Schauspielerin in der DDR, als Scheidungskind, auch öfters mal im Kinderheim abgestellt worden. Heute versteh ich mich gut mit meiner Mutter, früher war es schwieriger. Meine Mutter hat mir manchmal Backpfeifen gegeben in Momenten, in denen das wirklich nicht nötig gewesen wäre. Zum Beispiel hat mir mal eine Friseuse aus der Nachbarschaft Lockenwickler in die Haare gedreht und die dann toupiert – ich sah aus wie Joan Collins. Da war ich ganz stolz und gespannt auf die Reaktion meiner Mutter – und was macht die blöde Kuh? Die schlägt mir ganz doll ins Gesicht, zerrt mich unter die Dusche und spült mir mit kaltem Wasser die ganze Joan-Collins-Schönheit runter. Wat meinste, wie sich ein Kind da fühlt? Da hab ich natürlich schon bittere Tränen darüber geweint, dass die mich nicht liebt.«

Ihre esoterische Verstiegenheit – seit einer angeblichen Nahbegegnung der dritten Art glaubt sie an Außerirdische – nimmt bedenkliche Formen an, sie kann dazu keinen wie auch immer gearteten Abstand einnehmen. »Damals habe ich in Malibu gewohnt, als ich mitten in der Nacht ein Ufo sah. Wunderschöne Lichter strahlten mich an, ich hatte nicht die mindeste Angst, herrliche Energie hat mich überwältigt. Drei Wesen standen in dem Ufo, aber keins davon hat sich bewegt. Es war eine überwältigende Erfahrung.« Oder gibt's da womöglich doch ein Augenzwinkern? In ihrer Reportage *Nina Hagens Ufo-Jagd* erwidert sie auf die bittere Behauptung eines Amerikaners, er sei »halb Mensch, halb Alien« trocken: »Der Mann ist absolut manipuliert worden, ganz böse Geschichte. Ich bin übrigens halb Mensch, halb Engel.« Manchmal kommt es ob ihrer Fixiertheit allerdings zum Eklat. So verlässt der Wissenschaftsjournalist Joachim Bublath einmal das Fernsehstudio, als ihn Hagen wegen seiner esoterikkritischen Kommentare beleidigt.

2009 lässt sich Nina Hagen evangelisch taufen, zu Gott fand sie stoffgebunden: »Als ich siebzehn war, habe ich LSD genommen, weil ich hoffte, eine Gotteserfahrung zu erleben. Als ich ihn erkannte, habe ich ihn gefragt: Gehst du etwa wieder weg, wie all die anderen? Und da hat Gott mir geantwortet, dass er immer da war und dass er immer da sein wird.« Heute setzt sie sich gegen den Rechtsextremismus und für den Tierschutz ein, im Laufe der Jahre hat sie immer in unterschiedlichen Filmen mitgewirkt. Ihrem modischen Vorbild Pippi Langstrumpf bleibt sie auch mit über sechzig treu. Das Gebaren ihrer jüngeren Kolleginnen sieht sie kritisch: »Es tut mir weh, wenn ich sehe, wie Lady Gaga, Beyoncé, Britney und Madonna ständig die Beine breitmachen und ihre dünnen Höschen herzeigen müssen. Da sollen sie doch gleich ins Pornogeschäft einsteigen.« Festzuhalten bleibt: Nina Hagen ist eine bedeutende deutsche Sängerin und Texterin, sie war Vorreiterin der Neuen Deutschen Welle und beeinflusste den deutschen New Wave. Und sie hatte großen Einfluss auf das Bild der Frau und auf das, was sich für eine Frau gehört – oder eben nicht.

Birgit Haustedt
**Die wilden Jahre in Berlin
Eine Klatsch- und Kultur-
geschichte der Frauen**
blue notes 50, 144 Seiten,
Halbleinen, Fadenheftung
ISBN 978-3-86915-067-3

Ein faszinierendes Porträt der Frauen, die Berlin in den 1920er-Jahren sein unvergleichliches Gesicht gaben. Selbstbewusst und lebenshungrig, mit Bubikopf und Zigarette stürmten sie die letzten Männerdomänen und verfolgten unbeirrbar ihre künstlerischen Ziele. Abseits der gängigen Pfade schrieben sie ihr eigenes Stück Kulturgeschichte.

»Eine rasante Bilanz weiblicher Kunst und Kultur im Berlin der 20er Jahre.«

Brigitte

– www.ebersbach-simon.de –

Simone Frieling

Rebellinnen
Hannah Arendt,
Rosa Luxemburg und
Simone Weil

blue notes 76, 144 Seiten
Abb., Halbleinen
Fadenheftung
ISBN 978-3-86915-170-0

Hannah Arendt, Rosa Luxemburg und Simone Weil – drei Kämpferinnen für die Freiheit, die bis heute nichts von ihrer Faszination verloren haben, vorgestellt in Einzelporträts von Simone Frieling. Alle drei waren sensibel, selbstbewusst und begabt, stammten aus assimilierten jüdischen Familien und wuchsen mehrsprachig auf. Modern und aufgeklärt stellten sie sich den sozialen, politischen, philosophischen und religiösen Fragen ihrer Zeit und handelten kompromisslos nach ihrer Überzeugung.

– www.ebersbach-simon.de –

Bildnachweis
© Archiv Jeanne Mammen-Stiftung Berlin: 58; © Jens Brüning: 71; © Deutsches Literaturarchiv Marbach: 26; © dpa/Bildarchiv: 132; © National Library of Israel, Schwadron Collection: 37; © VG Bild-Kunst, Bonn 2019: 81; © picture alliance/akg-images: 110; © picture alliance/PictureLux/The Hollywood Archive: 100; wikimedia commons: 9, 22; © ullstein-bild/Paul Glaser: 122; © ullstein-bild/Abraham Pisarek: 90; © ullstein-bild/ullstein-bild: 49

1. Auflage 2019
© ebersbach & simon, Berlin

Umschlaggestaltung: Lisa Neuhalfen, moretypes, Berlin
Cover: © dpa/Bildarchiv; © Jens Brüning; © picture alliance/akg-images; © picture alliance/Keystone
Satz: Birgit Cirksena · Satzfein, Berlin
Druck und Bindung: GGP Media GmbH, Pößneck
Printed in Germany
ISBN 978-3-86915-175-5
www.ebersbach-simon.de